未来をつくる
成功法則

ヨグマタ相川圭子 著

大和書房

はじめに

願いをかなえながら「自分も他人も幸せにする」ことが最高の自己実現

書店をのぞくと、じつに多くの啓蒙書やハウツー書が並んでいます。

とくにビジネスの分野では、会社を発展させるノウハウや人材活用の秘訣、起業して自分の願いをかなえた体験談など、読者を成功へ導くための本が目立つようです。

多くの人が「社会的な成功」を手にしたい、と思っているのでしょう。

それは仕事や社会活動を通して、願いをかなえたり、ステータスを上げたり、お金を儲けることだったりします。また、衣食住を豊かにするためや、幸福感を味わいたい人もいるかもしれません。

こうした成長のために創意工夫をかさね、粘り強く努力しながら、目標を達成していこうとするのは素晴らしいことです。精魂を込めることがあるのは、人として幸せでしょう。

できれば、その成功が自己満足だけで終わらないようにしたいものです。エゴを満たすだけの「社会的な成功」ではなく、人を幸せにする「真の成功」を目指していただきたいと思います。

最高の自己実現は「やりたいことを通して、自分も他人も幸せにする」ことです。

これは私の体験を通じての実感でもあります。

20代で始めたヨガ教室が好評で、デパートやカルチャーセンターなど50か所以上で講座を担当するようになりました。私を健康にしてくれたヨガを、より多くの人に教えたいという動機でスタートしたものです。ビジネスとして展開させようなどとは、夢にも考えていませんでした。

私は、ヨガとその周辺のヒーリングや健康秘法を学び、スキルアップさせながら教えていきました。受講者の喜ぶ顔を見れば、こちらも嬉しくなります。その快感に後押しされて、気がつけば大がかりな仕事になっていました。自分の願いをかなえつつ、自分も他人も幸せになれたわけです。その高揚感は今も忘れられません。

しかし、どこか物足りなさも感じていました。「社会的な成功はしたけれど、これでいいのだろうか」。そこから本当の成長と成功は何なのか、そのことを知りたく思ったのです。そうして私の「究極の悟りへの道」「本当の自分さがし」の旅が始まりました。ヨガは悟るための道ではあるのですが、そのときはまだ癒やしとしてやっていたところから、そのヨガがどんな立ち位置にあるのかを理解するため、ヨガの周辺を学ぶ旅です。

そうしたなかで、運命の出会いがありました。ヒマラヤ秘教との出会いです。やがて私の学びは、ヒマラヤ秘教の究極の悟りという最高の自己実現に向かいました。ヒマラヤの奥地での厳しい修行を経て、究極のサマディ（仏教でいう涅槃《ねはん》、最終解脱《げだつ》）を成就《じょうじゅ》したのです。

そして修行を完成させ、人々の意識を変える力を得てから今日にいたるまで、真理の道を人々にシェアすることを通して、人生の最高の幸せと成功へのガイドを続けています。それは無条件の愛であり、人々が少しでも目覚め幸せになるために私の命を捧げるという大きな役割となりました。

今この本を通して、私の悟りの智恵から、あなたへ真の成功の提案ができることは幸運です。なぜならあなたの人生がより効果的で、無駄のない生き方になるよう提案できると思うからです。

あなたは今、社会の中で務めを果たしながら、よりよい人格を形成し、自己実現へ向けて歩みを進める。その先にあるのが「真の成功」とよべるものです。

そんな「真の成功」を目指す人たちには、ヒマラヤの教えを携えていただきたいと思います。

あなたは、何によって生きているのでしょう。食事ももちろん生きることを支えていますが、もっと根源的なもの、あなたの深く見えないところに働く力があり、それがあなたを生かしめているのです。その力が心の深いところを超えた部分に宿っていることを、ヒマラヤの教えは示しています。

そしてそこをあなたの「中心」としていくことで、揺るぎない自信が湧いてきます。ヒマラヤシッダー瞑想は、それをたしかで強固なものにする実践方法なのです。

中心への信頼が不安定だと、ネガティブな思いや不安ばかり浮かんできます。自信がないと、自分を疑ったり、人目を気にし過ぎるようになります。

ヒマラヤの恩恵は、執着や欲望といった心の縛りをはずしてくれます。魂が浄化され、「心の人」から「魂の人」へシフトします。〝心〟に振りまわされず、〝魂〟で行動することで、成功へつながる「成熟した人格」が育まれていくのです。

源の存在（神）とのつながり、それを信頼すると、そこからパワーをいただいて、楽に生きていくことができます。それはあなたの中に眠っている純粋な意識を覚醒させるでしょう。そうなれば心を超えた状態で、あるがままにすべてを「見て、聞いて、感じる」ことができるようになります。さらにそれは、あなたの内側に調和をもたらし、バランスのとれた、賢くスマートな人格をつくってくれます。

源の存在を信頼することで、そのエネルギーが心身を浄めていき、あなたを成功に導いていくのです。そして何より、ヒマラヤの教えは、あなたの内側を根本から変えていきます。そうして生まれ変わった体と心を自己実現の「よりどころ」とすれば、その可能性は無限に広がっていくでしょう。

本書をお読みになった方が、ひとりでも多く成功へ導かれることを願っています。

ヨグマタ　相川圭子

未来をつくる成功法則

もくじ

第2章

成功と幸福の関係

未来をつくる成功法則

もくじ

第3章

未来と今をつなぐ 自分への問いかけ

第1章

未来をひらく成功法則

自分を成長させていくための願いを成就する

成功にはいろいろな形がある

あなたは「成功」という言葉から何をイメージしますか。

ひと口に成功といっても、性別や年齢などによってとらえ方が違うと思います。しかし、おしなべて多くの人が思い描くのは、事業が成功する、相当な財産を成す、高収入を得られる職業に就く、会社で高い地位に就く、社会的な名誉を得る、政治家になって大臣に上り詰めるといったところでしょうか。オリンピックで金メダルをとるとか、権威ある映画祭で賞をとるようなことも、成功のひとつに数えられそうです。

また、人生のある時点での目標を達成する、願望を成就することも成功といえるでしょう。目標の学校へ入る、志望の会社に入る、お店を出して繁盛させる。どれも努力して明るい未来を実現した例です。仕事のスキルを磨いて高揚感を得る。できないことができるようになる。そんな努力や進歩といった形の成功もあるでしょう。

そこで本書では、**自分を成長させていくための願いを成就すること**、つまり「自己実現」をひとつの成功ととらえたいと思います。そして本当の成功とは何か、そしていかに成功をたぐり寄せるかをテーマに、さまざまなお話をさせていただきます。

多くの人が、思い描いた未来や明るい明日へ向けて頑張っています。成功を夢見ています。なりたい自分になることを目指します。そうした思いや行動が人生を充実させ、生を輝かせるのであれば、それは素晴らしいことです。

親が子どもの成功を手助けすることも多いようです。それは社会で成功してほしい、より豊かに生きてほしいと願うからです。高い学歴をつけさせて、よい職業に就かせようと、幼いうちから英才教育を施します。トップアスリートにするため、環境を整えて才能を伸ばします。子どもたちに宿る無限の可能性を大切にしたいものです。未来へ続く道を明るく照らしてあげれば、それが成功へとつながるかもしれません。

お金を得ることだけが成功ではない

SNSで、閲覧した人の共感をあらわす「いいね!」を増やしていくと、フォロワー（支持者）の中から投資を申し出るようなケースもあるそうです。

それを耳にして連想したのは、ユダヤ人たちのビジネス・スタイルです。ユダヤ人は世界のお金を牛耳《ぎゅうじ》っているといわれています。彼らの錬金術のひとつは、これぞと目をつけた人物に投資をすることです。その人が見事に成功した暁《あかつき》には、そこで上がった利益をいただくのです。

たとえば１００人に投資して、その多くが失敗しても、ひとりが大成功すれば十分に見返りがあるしくみです。このビジネスは「われわれはお金を出して、優秀な人材を育てている」という姿を演出し、よいイメージを社会に向けて拡散し、「私たちのやっていることは、こんなに世の中のためになっています」と社会貢献をＰＲします。それを見た有志や投資家、起業を夢見る人材が集まってきます。お金持ちのところには皆が集まってくるようです。こうして人やお金がどんどん集まるしくみになっていきます。

その投資でお金のない人が事業に成功して、才能が活かされ、投資者に感謝することもあるでしょう。お互いがギブアンドテイクです。ウインウインという関係になります。時代が変わり、こうした民間の助けで埋もれていた才能が発掘されているようです。

しかし、たとえ投資がうまくいき、大金を手に入れても、幸せになるかというと、まだそれだけでは幸せになれません。何かを見失い、満たされないのです。誠実に働くことは、人間として大切なことです。そうして努力した結果としてお金を得ることが、人生の基本なのです。

そして、もっと大切なものを見失わないようにしていくのです。それは清浄な心や人間性、信用や家族かもしれません。「お金をたくさん持つことが成功」といった、安易な発想は捨てなければなりません。お金だけでは、私たちの内側は満たされないからです。

「お金さえあれば夢がかなう、何でも自由になる」と思い込んでいる人が多くいます。人は見えるところの幸せを考えます。誰もがそう考えて頑張っています。

旅行に行けるとか、好きなだけ洋服が買えるとか、エステに通ってもっときれいになれるとか……。多くの人は物質的に豊かになって幸せを感じます。そして、その後、その欲望にはすぐに飽きがきてしまうのです。そしてまた次の対象を探します。キリがありません。

多くの成功者はそうした繰り返しに疲れて変化を求めます。そしてある人はチャリティを行ったりします。しかし、それもだんだんと大変になり、やがて心と体が疲弊し、何かが満たされないまま時間が過ぎていくことが多いようです。

満ち足りた自己実現を目指す

未来を切り開くために、一生懸命に仕事をするのはいいことです。しかし、あまり度が過ぎると、エネルギーが尽きて体を壊したり、家族やまわりの人たちとのコミュニケーションがおろそかになります。また、仕事のストレスや疲労による精神のひずみを取り戻すため、お酒に溺れたり、食べ過ぎたり、ギャンブルにのめり込んだりする人がいるかもしれません。緊張を強いられる場面が多い人ほど、職場や家庭にいるときとは違う回路を使ってバランスをとっているのでしょう。

これでは、たとえ社会的に成功していても、人間的、家庭的には不幸な人になってしまいます。「自己満足でしかない成功」「いびつな成功」になってしまいます。自分も家族も、一緒に働く人も、まわりの皆が満ち足りていることが「本当の成功」ということに気づかなければいけません。

たとえば、料理の修業をして、レストランを始めたいという人がいたとします。いろいろ工夫、研究しておいしいものを作り、たくさんの人が喜び、店が繁盛すれば、それも成功のうちでしょう。こうした好きな道に進むのは、その人が持っている*カルマによるものです。それは**その人の「過去生」から連綿とつながる願望であり、この世に生まれた務め**の場合もあります。それを楽しみながら、努力を続けてカルマを成就するのはいいことです。

ただし、常に反省して自分を正し、気づきを持って進めていきましょう。自分が正しい道を歩んでいるか自問自答しないと、エゴで人を傷つけたり、競争して誰かを蹴落としたり、モラルが低下したりする場合があります。夢中になり過ぎると執着にとりつかれ、自分を見失うこともあります。現実に埋没して、まわりが見えなくなることもあるでしょう。「自己満足な成功」になっていないか、チェックが必要です。

それでは「本当に満ち足りた成功」とは、どのようなものでしょうか。そしてそれは、どうすればかなうのでしょうか。その答えは、私が日本を始め、世界じゅうの皆さんに広めている*ヒマラヤの教えの中にあります。セルフィッシュ（自分本位）な欲望を超えた先に開ける世界があります。

ヒマラヤの教えが説く成功

成功はシェアするもの

多くの人が思い描く成功、それはある意味で「自分の欲望だけを満たすもの」がほとんどです。がむしゃらに頑張ってお金や賞賛を得ることや、人より優位な立場にいることが成功の証しと勘違いしています。

そこでここからは、ヒマラヤの教えにおける成功について考えてみたいと思います。それは「本当の自分」につながり、そこから得られる宇宙的な愛と智恵をもって、他の人を幸せにして自分も幸せになっていくものです。また成功をひとり占めするのではなく、分かち合うものです。まわりにいる人たちに福をおすそ分けするのです。そして「手に入れる」から「手放す」という思考回路にスイッチして、それを行動に表すことです。

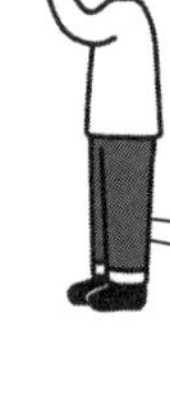

よいカルマを積んでいく

前項で、カルマを成就させることに触れました。カルマとは、あなたの行為や発言、思ったこと、それらすべてを指します。そしてその**すべての行為と思いは、あなたの心と宇宙空間に波動となって記録されます**。これもカルマといいます。それは今生だけではなく、あなたが生まれた過去生の記憶も含まれます。

カルマには同じ種類のものを引きつける性質があります。これを「因果の法則」といいます。よい行いをすると、やがてそれがよい形で表れます。つまり「**よい原因はよい結果を生む**」ということです。逆に、悪い言動は、先々に悪い結果となって表れます。こうして何生もの間に積んだ膨大なカルマの種（原因）が、次々に芽生える（結果）のが私たちの人生なのです。

過去によいカルマを積んでいれば、今生で大きな成功を収めるかもしれません。少なくとも今、よい思いや行いを意識すれば、未来に明るい種をまくことになります。ですから成功を目指すときも、よいカルマを積むということを忘れないでください。自分の欲望を満たすだけではなく、他人を喜ばせる行為や言葉を意識することで、よいカルマが未来を平和にしてくれます。

成功の果実を「味わい、手放す」練習をする

成功を目指す方に、もうひとつ知っていただきたいヒマラヤの智恵があります。それはお金も物も、地位や名誉も変化するものであり、やがては手放すときがくるということです。私たちが死ぬときは、どれひとつあの世へは持っていけません。

この事実を頭の片隅に置いておくだけで、あなたの意識が大きく違ってきます。そうすれば、将来あなたが成功したときに、その成果を独占したり、既得権益にあぐらをかくようなこともないでしょう。

成功の果実を味わったら、それを手放して次のアクションを起こしていけます。多くの人は手放すのが苦しいのです。一度手に入れたものは、いつまでも自分で持っていたいのです。しかし、執着を捨てて手放してみると、心が軽くなるはずです。つくって手放す、つくって捧げるという繰り返しで生きていくと、心が豊かになり、生きるのが楽になります。ですから「**味わい、手放す**」という練習を早いうちから行ったほうがいいのです。

他人を成長させるコミュニケーションをとる

たとえば事業を起こしたり、組織で人の上に立って自己実現を目指すケースもあるでしょう。その際には、まわりの人を活かし、成長させるつきあい方を意識してみましょう。働きやすい環境整備や、適材適所で仕事をまかせて、一人ひとりのモチベーションや仕事の効率を上げていきます。さらに、特定の人を重用するのではなく、誰とでも分け隔てなく接します。そこに好き嫌いの感情が入ると、冷遇された人はジェラシーを感じ、仕事の意欲も失せます。

心を超えた「中心」に自分を置くと、好き嫌いの感情が湧きません。それは偏りのない、ニュートラルな状態だからです。言葉にすれば簡単ですが、こうした心理状態でいることは難しいものです。

私が皆さんに瞑想をおすすめする理由は、こんなところにもあります。瞑想をすると、過去の記憶などが浄化され、整理されて心が空っぽになり、いつも平和な状態にいられるからです。心の働きに翻弄されず、無心で平和なところにいられるようになるのです。それを「**中庸**《ちゅうよう》」といいます。これは心に偏りのない状態のことで、平和なとらわれない心なのです。

さらに、瞑想にはリラックス効果もあります。その結果切り替えが早くなるなど、柔軟性のある思考ができるようになります。また、ネガティブな思いが浄化されて、物事の違う面を見ることができ、プラス思考にもなります。たとえ失敗しても「この経験が成功の糧《かて》になる」と割り切れるのです。

このように、瞑想はあなたの内側に慈愛を育みます。それは他人の成功を喜んだり、まわりの人の幸せを祈るという行為となります。まさにこれこそ理想のコミュニケーションではないでしょうか。それは皆に祝福される成功にもつながるのです。

自分の中に芯を持つ

自己実現を目指す人は、心の中に芯を持ってください。それは強い意志で目標へ向かうときの重心になります。あなたの大切な信念でも、何かの信仰でもかまいません。**心のよりどころを持つ**ことがいいのです。

信仰の篤《あつ》いインドの人たちには強さがあります。神を信じ、そこからパワーをいただいているからです。日本においては、古くから神に豊作を祈りました。しかし、時の流れでしょうか、国が豊かになり、すっかりモダンになった日本では、信仰心が薄れました。でもその一方で、中小企業や個人でお店を営む人たちは、神社への参拝や神棚を祀るなど、信仰を持っている方が多いようです。高次元の純粋な信仰の対象に心をゆだね、そこからパワーをいただけるのです。

心と体のバランスをとって健康を維持する

健康を維持することも、成功には欠かせない条件です。不健康では気力も続きません。それには、心と体の調和をはかりましょう。健康というと肉体のケアに目がいきがちですが、人間の体は「心が主」で「肉体が従」です。心に力がなければ、肉体にも元気がなくなります。まず心や精神を整えるのが先です。いくらフィジカルを鍛えても、精神統一する力がないと何事もうまくいきません。

私たちは肉体が強くなるほど、変に自信が出て、エゴが前面に押し出されて、自己主張が強くなります。そして謙虚さがなくなり、その奥にある真の力を理解できなくなります。「**心の進化＋体の進化**」。この両方が揃って調和が生まれ、本当の健康になります。心身が揃って成長していないと、アンバランスな存在になります。

ヨガが心と体を変えてくれた

体の不調がヨガとの出会い

私の子どもの頃の話です。小学生の頃は、学業も好きで常にクラスの委員長や副委員長を仰せつかっていました。また手先も器用で、裁縫、工作、絵やお習字などもこなし、何も問題がありませんでした。中学生になると生徒会の副会長に選ばれたり、英語の弁論大会に出たり、成人式には生徒代表の祝辞を述べたり、あるいは卒業式の送辞・答辞など、人前で話す機会も多くいただいていました。人前に立つことに積極的ではなかったのですが、まわりから推されてその立場をまっとうしました。

そうして自然に育つなかで、高校生のときに体の不調が起きました。顔に少し吹き出物が出たのです。すべてが満たされていた私にはそのことを受け入れがたく、東洋医学のヒーリングや食養の学びなどを実践していきました。そんなときに、ヨガの本に出会い、独学で知識を深めていきます。その結果、体の不調も改善されていきました。その後は進学のために上京して、大学に通いながらヨガを続けていましたが、まだまだ当時のヨガは「体のヨガ」にとどまっていたと思います。

転機となったデパートでのひらめき

私は何事も追究するタイプなので、ヨガやその周辺に関することをさらに勉強するため、大学を経て、整体の学校などに学びに行ったりしていました。

一方、仕事を一生懸命しようと、営業の仕事に就き、ある教材を紹介して売り上げを上げ、トップの成績を収めたこともありました。しかし、仕事を頑張り過ぎたせいか、健康を大きく損ないました。重度の結核になったのです。考えてみると、忙しさのあまりヨガを離れていた感じです。

私は逆境になると、ますます力が出るタイプのようです。病気になっても何ら落ち込むこともなく、むしろたくさんの時間をいただいたと、さらにヨガやスピリチュアルの勉強をしていきました。そして再び健康を取り戻したときには、すっかりヨガの魅力に引き込まれていました。そして、もっとその素晴らしさを多くの人に伝えたいと、ヨガを教えることを始めたのです。

ある日、新宿のデパートを歩いていると、デパートが主催しているカルチャーセンターのPRが目にとまりました。さまざまな講座が掲示板に紹介されています。よく見てみると、勉強するようなものが多く、体を動かす講座がほとんどありません。私は「これは！」と直感し、すぐにデパートへ「ヨガ教室をやりませんか」と申し入れてみました。「買い物をして疲れた足腰のリフレッシュができます」とアプローチしたことを覚えています。ほかの講座と趣向の違うプログラムだったためか、ほどなく先方からOKの返事がありました。

1970年代の初め、まだヨガがほとんど知られていない時代です。教室は女性たちに大好評でした。さらに、頼まれて経営者クラブで講演をしたところ、そこへ出席していた何人かの経営者の方からも「うちでもヨガを教えてください」というお話がありました。その中に、さるデパートの社長さんがいたことから、私の働きかけもあり、やがて東京の主なデパートやカルチャーセンターなど、約50か所で開かれるようになっていきました。

そのうちデパートでの講座の案内を見たライターの方が「本を出しませんか」と声

をかけてくれたりしました。こうして次から次へとスムーズに事が運んで、さまざまな出会いや体験をしていく機会を得ていったのです。

20代の若さで右も左もわからない状態でしたが、人を健康にしたいという気持ちひとつだけで目の前の一つひとつを丁寧に、しっかりやり遂げていきました。

事業ではなく、ヨガを愛していた

教室の数が増えてくると、とても私ひとりでは教えきれません。そこでインストラクターを育て、助けてもらうようになりました。次第にスタッフも増え、カルチャーセンターでのヨガ教室も増え、拡大していきましたが、特に拡大しようという野心があったわけではないのです。ひとりでは間に合わなくなり、手が足りないからなどの理由でそうなったまでです。

どういういきさつか覚えていませんが、その当時、経営コンサルタントの方が訪ねてきたことがありました。するといきなり「売り上げの目標をどこにおきますか」と切り出され、驚いてしまいました。コンサルタントの方の話は、一般的な事業の進め方なのだと思います。本来は計画を立て、それに従って行動を起こすものなのでしょう。当時、誰もこうしたことを行っていなかったので、自分の着眼で行っていました。しかし私は、誠実に人が喜ぶことがしたいという動機でやっていて、どう収入を増やすかとかは考えないのです。それは自然にまかせるというのが私の信条です。もともと私は直感で動くタイプで、すぐに実行するほうです。ただヨガが好きで、皆に伝えたい気持ちなのです。ヨガの真髄《しんずい》を常に追究し、真理の教えと信じて若い時代を過ごしていました。さらに「人に教える立場に立つなら、もっといろいろ学ばなければ」という思いから、ヨガの本場であるインドへ行き、インドじゅうのヨガを修めるなど、学びを深めていきました。また、ヨガの理解のために、周辺のこともいろいろ学んでいったのです。

成功するには最後までやり遂げる力と誠意が必要

ヨガ教室がだんだんと広まっていった要因はいくつかあります。そのなかで私がもっとも重要だと感じたのは「最後までやり遂げる力」です。いくらチャンスが来ても、人との良縁があっても、その好機を活かす気力、体力、そして工夫と智恵がなければ尻すぼみになってしまいます。

さらに、不断の努力と強い意志の力が必要です。私の場合はヨガを学んだり、人に教えることが楽しかったので、常に前向きな気持ちでいられました。たとえばあるデパートに教室を開くと、都内のすべてのデパートに教室がないのは不公平ではないか、と考えるようになりました。それは経営者としてではなく、ヨガを好きな同志のひとりとして、ヨガをもっと広めたいからです。そんな思いから、それこそがむしゃらに活動の範囲を広げていきました。

さらにもうひとつ。**与えられた仕事や務めを、誠意を持って進めることです**。目の前の物事に対して一生懸命に対処、努力しました。月並みかもしれませんが、これもやはり成功の大きな要因のひとつだったと思います。そのパワーがあったのは、ヨガをやっていたからです。当時「翔んでる女」という言葉が流行りましたが、まさにそのような感じで、私は学びのために海外までも飛び回っていたのです。

心ひとつで悪縁も良縁になる

成功は自分ひとりでは成し得ません。人との縁も大切にします。あなたが出会う人は、すべて縁でつながっています。それは良縁ばかりではありません。悪縁もまたしかりです。

過去生から深い縁でつながっている人が、あなたの前に現れます。これも先ほどお話ししたカルマの一種です。宿命といってもいいかもしれません。カルマのまいた種が実を結んでいるのです。こうした縁は断ち切ることができません。

何かの集まりなどで初めて会って、それから偶然に縁ができ、その人とつながっていくこともあるかもしれません。それは過去生のカルマの記憶にスイッチが入り、波動が共振して、縁で結ばれた人を魂が認識したからでしょう。

私たちはよい縁なら大歓迎ですが、自分に危害を及ぼすような悪い縁だと「ついていないな」とか「縁を切りたい」と思いがちです。しかし、よく考えてみてください。良縁も悪縁も色分けをしているのは、じつはあなたの心なのです。自分に利益をもたらしたり、会っていて楽しい人とは良縁、こちらに損害を与えたり、会うのが苦痛な人とは悪縁だと、あなた自身が単純な図式にはめ込んでいます。

しかし、本当の縁の良し悪しは相手によるものではなく、**自分がどう相手と接しているか**によって変わります。自分が相手に何もいいことをしないで、相手からいいものを与えてもらいたい、いい縁でつながりたいと考えるのは勝手過ぎます。

これは仕事でも、社会生活においても共通することです。まずは自分から相手にいい縁をつくっていく。その結果、相手からご縁をいただくこともあります。

場合によって縁がなく、それきりのこともあるでしょう。それはそれでいいのです。大切なのは家族同士、職場の仲間など、出会う人皆が尊敬し合える縁を増やすことです。そういう人間関係を心掛ければ、悪縁と思っていたものも、いずれ良縁に変わっていくでしょう。

不思議なご縁の力

私の場合はこちらからご縁をつくるというよりも、そのときどきに必要な人が訪ねてきたり、自分を成長させてくれる人が自然と集まってきてくれました。今から思えば、見えない力によって良縁を授けていただいたようです。

こうした縁で結ばれた人たちは、まわりでフォローしてくれるとともに、私が次の目標へ向かうときには、橋渡しの役目をしてくれました。そのおかげでスムーズにステップアップできたことで、私の前には常に新たな展望が開けていました。それをひとつずつクリアして、未来が開けていったのです。このような幸運も、不思議なご縁があったからこそです。

しかし、どうしてこんなことが起きたのでしょう。

それはおそらく、私の波動が影響しているのだと思います。ヨガを広めたい一心で頑張っていた私から放射される波動が、一途で純粋なものだったからでしょう。ヨガは神と一体になる修行であり、純粋になる修行です。深いところからの神の力を常にいただき、祝福されていたのです。

私は幼い頃から人に親切にするのが好きで、幼稚園ではまわりの子どもたちの面倒をみる役目です。別におせっかいやきでも、出しゃばるわけでもないのですが、自然とそうなってしまうのです。

また、分け隔てをせず誰とでも平等に接していました。相手によって態度を変えたり、色眼鏡で見たり、不満を言ったりしません。何につけ、好き嫌いが激しくなく、食べものも何でも食べました。相性の悪いものがないのです。

そうしたピュアで屈託のない心がよい波動を呼び込み、それが大人になっても変わらなかったのでしょう。そのおかげでまわりから盛り立てられ、ヨガ教室が順調に規模を広げていったのだと思います。

よい波動がよい人を連れてくる

波動とは誰もが放っている気のようなものです。感情の動きや、そのときどきの心の思いが、エネルギーとなって体の外へ放たれます。

誰か怒っている人がまわりにいると、何となくその場が気まずい雰囲気になりませんか。まさにそれが波動の伝わりです。よく皆さんが「オーラを感じる」という、あのオーラも波動のひとつです。これは色の波動で、そのときの感情が、さまざまな色になって体から放たれるのです。

波動には同じ種類の波動を引き寄せる性質があります。よい波動を出している人には、よい波動の人が自然と集まってくるのです。悪い波動を放っている人のところへは、それ相応の人や物が集まります。

普段からよい行いをして、人に施すような生活をしていれば、平和で穏やかな心でいられます。そうした心の生む波動は、温かく人を包み込み、「この人と会うとホッとする」という雰囲気を漂わせます。そんな人のまわりには、まるで吸い寄せられるように、自然と人が集まるものです。

よいカルマを積むように生きればよい波動が生まれ、よい人にめぐり合えます。よい波動がよい縁を結ぶことになるのです。

何か事を成そうとするとき、こうした波動や縁を大切にすることも意識しておきましょう。

家族から学んだこと

両親や環境がよい波動をつくってくれた

私は今までプライベートなことについて多くを語りませんでした。幼少期のこと、家族のことなどです。そうした話は自慢ととられたり、自分を偉く見せているように思われるのが心外だったからです。

しかし、本書のテーマである自己実現を語るとき、私の原風景や実体験を抜きにするとリアリティがなくなります。ですからここではあえて、私の幼少期や学生時代の話、母やきょうだいと過ごした時間についてお話しさせていただきます。そこには私の自己実現の原点があります。

私には、父の記憶がありません。私が生まれてまもなく、47歳で亡くなったからです。しかし、父の話は母や兄姉から聞かされました。今でも覚えているのは、海軍を経て警察官になった父が関東大震災の折、身を挺《てい》して人命救助にあたったことです。火の海のなかで人命救助にあたり、最後は東京湾に飛び込んだとか。また苦学をして大学を出て、努力の結果、弁護士になったそうです。しかし若いときに肋膜を患い、それはどうにか克服しましたが、その後、結核の病に倒れたようです。

母は末っ子の私をかわいがってくれました。

早くに父親を亡くし、不憫《ふびん》に思えたのかもしれません。わが家は父を失ってつましい暮らしぶりでしたが、そんななかでも母は他人に施す人でした。戦後すぐの頃、戦争未亡人となった人に、母が家賃なしで部屋を提供していたこともありました。

母のそうした姿を見て育ったからでしょうか、他人のために何かをすることが、私には自然と身につきました。「人に捧げる」という姿勢を母の背中から学んでいたようです。小学生のとき、教室のごみ箱が汚れていると、人知れず自然に掃除をしていたことを覚えています。それを見ていた先生は、通信表にこの子は「陰の子」だと書いてくださいました。そして特に何もしなくても、皆のリーダーに選ばれたりしていました。先ほど紹介した私の恵まれた波動は、こうした両親や環境によって育まれた部分が大きいのかもしれません。そんななかで、母は学問をすることには反対でした。

女は学問ではなく、素直でいれば幸せになれるという古い考えだったのです。勉強をし過ぎて、父のように結核の病気にならないように、ということもあったのでしょう。

兄姉に感化された子どもの頃

私には3人の兄と、3人の姉がいます。母子家庭となったわが家は、上の兄たちが働いて家計を助けていました。兄たちは向学心や上昇志向が旺盛だったのでしょう。アカデミックなものが好きで、世界や日本の文学全集を買い揃えたり、当時流行の外国映画や洋楽のレコードを楽しんでいました。私もよく兄に連れられて、封切られたばかりの洋画を映画館で観ていました。

戦後まもなくの話ですから、当時としては先進的で文化的な家庭だった気がします。そのおかげで、子どもとしては異文化や新しいカルチャーに触れる機会が多かったと思います。海外旅行がまだ珍しかった時代に、私が物怖じせずに海外へ行けたのも、こうした体験が影響していそうです。外国や外国人への偏見がないおかげで、どの国の人ともすぐに打ち解けることができました。

当時のことを思い返すと、一番上の兄は戦後すぐにスキーを始めるなど、自由奔放な人でした。二番目の兄は事業家になりたかったようです。三番目の兄は歌が得意で、のど自慢大会でよく賞をもらってきました。歌手になりたいと言っていました。

一番上の姉は勉強が好きで、英語が得意でした。二番目の姉は歌やお芝居が得意で、母を相手にセリフをしゃべっていたのを覚えています。

こうした母やきょうだいに囲まれ、末っ子の私は無邪気に楽しく暮らした記憶があります。上の兄や姉とは歳も離れていたので、大人の彼らが経験することを見て学んだことも多々あります。兄や姉たちの会話から社会の厳しい現実が垣間見えたことで「大人になりたくない」「純粋でいたい」という思いを、幼いながら強く感じたことも覚えています。

今となれば、それも世間知らずなのですが、そういうピュアな思いが大人になっても残っていて、それが瞑想やヒマラヤの世界にひかれる要因のひとつになっているような気もします。

真面目に働いて頑張る、清く正しい母

母はどちらかといえば、か弱い女性だったのかもしれません。しかし、父が亡くな

ってからは「強い女にならなくては」「誰にも頼らず自立しなくては」という思いが強く表れていたような気がします。

戦後の日本は何もなく、どこの家も苦しい時代でした。さらに両親が揃っている家に比べれば、わが家の暮らし向きは苦しかったでしょうが、父が購入しておいた大きな工場跡地に、母が見よう見まねでお米や野菜を育てて食べさせてくれ、さらに土地は半分叔父に売って家作(貸住宅)を何十軒かつくり、その収益で家計が助かっていました。

洗濯機や掃除機もない時代、母は夜遅くまで家事をしていました。おとなしく控えめで、上手にまわりの人たちと調和して、子ども7人を無事に育てていました。そんな母の姿を見て「**真面目に働いて頑張る**」「**清く正しく、後ろ指をさされないように生きる**」ということが私の心に根づきました。これは幼い頃から今も変わらない私の信条です。

私は「心の中に芯を持ってください」と前述しました。まさに私にとっての芯は、ここにあげた2つの信念です。そのおかげで自己実現がかなったのだと思います。

直感に導かれてヒマラヤへ

直感が背中を押してくれた

今から考えると、神のような何か大きな力に動かされて、いろいろなことが起きていったのだと思います。私がインドにヨガを学びに行ったこと、デパートでヨガ教室を開くことになったことなどもそうです。ポッと田舎から出てきて人脈も、親の七光りも援助もなく、ただ自分の頑張りと、そのときのひらめき、直感に従って行動した結果です。それはヒマラヤにまだ行く前のことです。私にはどうもそういうところがあるらしく、前後の脈絡なくいきなり行動に出ることもありました。

子どものときにもそれが垣間見えました。兄の結婚式では、突如として「どじょうすくい」と「おてもやん」というおどけた踊りをほんの少し踊ったのです。招待客に大ウケでした。

普段おとなしいのに突如として「大胆」に振る舞い、まわりを驚かせます。何かを表現したい気持ちがずっとあったのだと思います。それがさまざまな状況や雰囲気に触発され、はじけるように表面へ出てくるのです。

小学3年生のときです。台風の猛烈な風で家の雨戸が飛ばされ、ものすごい勢いで雨風が家の中に吹き込んできたことがありました。兄たちは近くの堤防が決壊するかもしれないということで駆り出されて不在でした。

吹きさらしのなか、残されたのは女たちだけです。母や姉たちは泣いたり、わめいたり、おろおろするばかり。そのとき一番幼い私が「畳をあげて」と皆に指示して、戸に畳をあてがい、その上からベニヤ板を当てて釘を打ったことを覚えています。そしてかろうじて風の侵入を弱め、家が吹き飛ばされるのを防いだのです。このときも「こうしなきゃ」というひらめきが、9歳の私を突き動かしたのでしょう。

遭遇したことのないような場面で、とっさの判断を下せました。こうした「直感」や「ひらめき」が、人生の節目と思えるシーンで、いつも私の背中を押してくれたように思います。

直感で行動して裏切られることはありませんでした。ひらめきに従うことで、むしろ**自分に必要なことが起きてきました**。これはおそらく、潜在意識で願っていることが具現化するのだと思います。そして何か大きな守りを常にいただいていたのです。

さらに深いヨガやスピリチュアルな世界へ

ヨガ教室の規模が大きくなるにつれ、「人としてもっと成長しないと、他人を導けない」ということを痛感し始めました。そして私の出した答えは、精神的な成長を目指すことでした。これもある意味、ひらめきのようなものです。

そして、そこから瞑想修行、スピリチュアルといったものに目を向け始め、関連する本を読んだり、実際に体験を重ねていきました。それは国内だけにとどまらず、インドを始め、アメリカやヨーロッパ、中国などへ単身で出かけての勉強でした。

私はやるとなると、徹底的にやらないと気が済まないタイプです。「知りたい」という好奇心や探求心がそうさせるのでしょうか。当時は女性が単身で海外へ行くこと自体、皆に驚かれました。

海外では瞑想やヒーリング、心理療法などを本場で実践し、先端の研究にも触れて、さまざまな人にレクチャーを受けました。その他、気功、ジャズダンス、身体均整法、霊気マッサージ、ヒプノシスや、ＮＬＰ（神経言語プログラミング）、アレキサンダー（心理学）、フェルデンクライスメソッドといったものや、ゲシュタルト療法を始めとしたいろいろな心理療法を学び、資格もとりました。

そんな体験を重ね、ヨガダンスを発明、「プラナディヨガ」という体の動きで調和をはかるメソッドをつくり上げました。また、私自身に悩みがないので、人の心の悩みを解決するための心理学も学びました。

それまでもヨガの研究はしているつもりでしたが、勉強するほどにその奥行きの深さに驚き、魅せられていきました。ヨガの本質は真理を知ることです。心と体を浄め、真理を知り、源の存在（神）とひとつになるための修行です。

その頃の私がヨガ教室で教えていたポーズや呼吸法は、体の健康ヨガです。それはヨガという深大な修行のほんの一部分でしかありませんでした。

今から考えると、あの頃の私は自分でも驚くほどバイタリティがありました。そのエネルギー源となったのはヨガだと思っています。ヨガをやってきたおかげで、心身ともに驚異的な持続力が発揮できたのだと思います。

ヒマラヤへ導かれた30代

神からのガイド、つまり私の直感がヒマラヤと私を結びつける、運命の日がめぐってきます。

ヨガとその周辺を深く学んでいくうちに、私の中に、もっと真理を知りたい、そのためにもいつかはヒマラヤへ行きたい、という願望が芽生えていました。しかし、当時は今ほど交通手段も発達していません。現地は治安も悪く、女性の単独行はとても無理といわれていました。それでも私はあきらめきれず、いつか条件が整ったら、と秘かに期すところがあったのです。

すると1984年、あるテレビ番組のために来日した大聖者・パイロットババジとの出会いが、私とヒマラヤの距離を一気に近づけました。日本のヨガの草分けということで、私はその番組のコーディネートをまかされていました。番組のためにいろいろとお世話をしているなかで、パイロットババジが私に「ヒマラヤへ来ませんか」と声をかけてくれたのです。

そのとき私は何のためらいもなく「はい、行きます」と返事をしました。それはこのお誘いを受ければ「今よりよくなる」という直感が働いたからです。そしてヨガの究極の目的である「真理を知ること」、つまり悟りの境地を体験したいと強く思ったからです。これは、まさに千載一遇のチャンスです。

そのときの私はヨガ教室も盛況で、社会的に見れば成功を収めていました。もちろん経済的に困っているわけではなく、現実を逃避するような悩みもありません。そのまま東京にいたほうが、安泰で楽しく暮らせたでしょう。

後から冷静に考えれば、ヒマラヤに行っても悟りを開けるという保証はありません。悟るまでに何十年もかかるかもしれません。もしかしたらあちらで亡くなることもあるでしょう。それほどヒマラヤでの修行はシビアなものです。

すべてを投げ捨てて行くにはリスクも大き過ぎましたが、あえて私はヒマラヤへの道を選びました。当初の目標をクリアしていた私の次なるステップは、まったく違う方向の幸せです。「自分を信じて進めば未来は開ける」という思いと、「真理を知りたい」という探求心が、迷いや不安よりも先に立った結果です。そしてそれからは、日本とヒマラヤを頻繁に往復する日々が始まりました。

このときから、運命の歯車が静かに回り出しました。

ヒマラヤで待っていた奇跡

ヒマラヤでは幸先のよいことが待っていました。

私をヒマラヤへ誘ったパイロットババジのグル（師匠）である、大聖者ハリババジに会えたからです。ハリババジは私を見て言いました。「あなたはチッタム、純粋な魂の存在であり選ばれた存在である」と。さらに、その教えを直接受けることができました。

また、ハリババジのグル、オッタールババジにもお会いし「あなたは特別に選ばれた存在だ、日本の人々を救いなさい」と、メッセージをいただきました。そのご縁で、他の大聖者たちからもブレッシング（祝福）をいただけました。

これは非常に尊く、稀なことです。たとえヒマラヤへ行っても、本物の聖者に出会うことは奇跡といわれているからです。真理を求めてヒマラヤの奥地にこもるヒマラヤ聖者たちは、下界におりてきません。社会との接触もないのです。

ヒマラヤはインド、ネパール、中国、パキスタン、ブータンという複数の国々にまたがる広大な地域です。どこにどんな聖者がいるのか、外の世界の人には知る術がありません。なかには洞窟の中で深い、深い瞑想をしながら暮らす聖者もいます。普通は何年もかけて、聖者を求めてヒマラヤじゅうを歩き回らなくてはならないのです。あの8000メートル級の山々が連なる、気候風土も厳しいエリアで、それは気の遠くなるようなことです。

そのヒマラヤ聖者のなかでも、ごくわずかな大聖者たちの間に伝えられているのがヒマラヤ秘教です。この教えは今から5000年以上前に、ヒマラヤで修行していた聖者が究極の*サマディという悟りを得たことに始まります。それが多くの秘法や教えとなって今に残されています。ただし、それを知り、受け継ぐことができるのは、サマディに達したごくわずかなヒマラヤ大聖者だけです。

ありがたいことに、私は修行の末、その正統な継承者のひとりになることができました。それ自体が稀有なことであり、さらにその教えをダイレクトに私から皆さんへお伝えできることも奇跡のようなことなのです。

悟りの境地を得たのは最高の自己実現

ハリババジは、インドでは有名な大聖者です。ヒマラヤ修行の後、インドやネパール、パキスタンなどの各地を30年以上もヤギャ（護摩焚き）の旅をしながら、人々を助けていました。その後またヒマラヤに入られました。私が出会ったときは、彼の師のオッタールババジの言葉を守り、ヒマラヤになんと45年間もとどまって修行を続けていました。

そのハリババジに私が最初に出会ったとき、なぜかわからないけれども涙があふれてきたのです。美しい魂に出会えて感動したのです。そしてハリババジは、*ディクシャというエネルギー伝授で、神聖なパワーや愛を私に与えてくださり、秘法の伝授もいただきました。

こうして大聖者の見守りを得て、私のサマディ修行が始まったのです。サマディとは、真理を探究する修行です。

人の体は、何層ものエネルギー体から成っています。源から魂が表れ、魂は「コザール体」という微細な体が覆っています。次の次元に「アストラル」という微細な心の体があります。そして「肉体」の体になります。それぞれがその前の体から表れます。このプロセスを経て、見えないところから見える体になってきます。それを逆にさかのぼっていくのが、真理への道でありヒマラヤ秘教なのです。

ヒマラヤ秘教の行は道場などありませんから、ワラを敷き詰めた洞窟の中で瞑想修行にふけります。日本とヒマラヤ各地の秘境を行き来しつつ、ヒマラヤに数週間から数か月とどまり修行を重ねることを、20年くらい続けました。

究極のサマディとは心身を浄化し、死を超えて神と一体になり、悟りの境地へ達することです。それはヒマラヤ秘教における究極の境地といわれます。

私がその境地を初めて体験したのは、ヒマラヤでの修行を始めて4年くらい経った頃でしょうか。

ある寺院の前でいつものように体を浄め、心を浄めていきました。そして瞑想を深めていったのです。感覚を浄化して、さらに肉体を浄化し、内側に入っていきました。やがて深い瞑想状態となり、肉体のサマディに入ったのです。やがて体と一体になり、アストラルのパワーを得るのです。土のサマディです。石のようになって呼吸はかすかになり、そして止まりました。

通常、私たちの肉体は食べものも酸素も必要ですが、サマディに入るとそれがいらなくなります。肉体の体は死に、アストラルの体に住みます。アストラルの体が生きています。

表現するのが難しいのですが、私は内側のエネルギーをひとつずつ変容させて、最初に土のエネルギーを超えました。次に水がありそれを超えると火になり、火を超えて風になり、それを浄めて風を超えて空になりました。さらに空を浄めて音から光へと変容させていきました。

また、さまざまなプラーナ（気）を浄めて変容させ、陰の道から陽の道、陽の道から陰の道に行き、そうしてプラーナを浄めて真ん中にある*スシュムナーに入っていきました。そしてサマディに入っていったのです。サマディとは究極の存在と一体になることです。

やがて自分のエネルギーがひとつになり、体内の調和がとれて、神経回路がひとつになるような感覚になりました。それは言葉にすることができない体験です。

言葉のない世界、ノーマインド

のときの体験です。そのとき、すべてが新しくなり生まれ変わりました。その間わずか数分と自分では思っていましたが、後で知るとなんと4日間もその状態が続いていたのです。

それは「真理を知るため」にヒマラヤへ来た私にとって、究極のサマディという最高の自己実現を果たした瞬間でもあります。このときにあらためて、今まで築いたものをすべて捨てたことは正しかったと思えました。「根源を知れば何もいらない」ということが、悟りの境地にいたってわかったからです。

生と死を超えた修行を経て

初めてサマディを体験したときの話をもう少し続けます。

肉体の修行をすると、「私は私自身ではない」という感覚になります。さらにそれを超えて細やかなアストラルの体に住みます。アストラルの体から肉体を見ると、肉体への何の興味もなくなってしまいます。さらに心は空《くう》になり、そこには何の限界もありません。心は雲のように動きます。心というのは本当の自分ではないとわかりました。心は単なる道具なのです。

そして、アストラルの微細なエネルギー体から記憶や思いが上昇していくと、心が消えていきました。心が空っぽとなり、私がナッシングネスから来たことを悟りました。自分は宇宙から来たのです。私は心がいらないし体がいらないのです。私はスーパーコンシャスネス（超意識）となりサマディに入ったのです。すべてはひとつになりました。

私の近くにブッダが見えます。キリストが見えます。時間が消え、空間が消えたのです。そこには東西南北がありません。ギャップがありません。5000年の歴史が近づきます。過去が近くなり、未来が近くなるのです。私は未来も過去もない時間を超えたのです。

私は洞窟に座っていました。私は心と体を超えて、ただ私だったのです。すべては私であったのです。木がダンスをし、鳥もダンスをしています。すべての川も私と一緒に流れています。海をつくっています。すべてをひとつに見ることができます。これは神聖な目が開いたことを意味しています。

サマディで生まれ変わる

私は、真理を知り、体の中のすべてのシステムを知ったのです。私の中に海があり川が流れています。私はコスミック（微細なエネルギー体）から肉体の世界に何百万年もかかって現れたのです。

私は両親から生まれ、そして心が発達しました。体には7つの体があり、そのセンターを超えて源の存在に向かったのです。そしていろいろなバイブレーションの殻を超えて細やかな体になり、やがて空になりました。空の体となり、そこに長い間住んでいたのです。多くの人生を体験して、よいクオリティになるための体験を積み重ねていったのです。それぞれの波動のところに、何百万年住んでいろいろな命を体験したのです。そして私自身に還ってきました。私は私自身と一体となり、神と一体になったのです。すべての光明を、すべての物質的なパワーを見たのです。心のパワーと智恵のパワー、社会的なパワーを体験したのです。

これらのすべてを見たのですが、私はこれらではないのです。これらはすべて私の心の記憶なのです。私は心ではなく、意識です。コンシャスネスはすべてということです。川、木、海、山、空間、雲は意識体です。すべてが意識体です。何の距離もなく何のギャップもないのです。それをサマディといいます。

その後、私は1991年から2007年にかけて、公開によるアンダーグラウンドサマディを通算18回もインドで行いました。アンダーグラウンドサマディとは、地面に掘った地下窟に4日間こもり、心と体を浄めつくし、生死を超えてスーパーコンシャスネスになってとどまり、その後約束された時間に蘇って還ってくるのです。真のヨガの修行でも最高ステージのもので、命を落とす修行者もいるほど過酷な行です。

地下窟の入り口はトタンやシートで覆い、さらにその上から土を盛って空気の出入り口をふさぎます。こうした酸素もない状態で、水も食物も口にせず、究極の意識状態に没入して4日後に地上へ戻ります。まさにそれは神の存在となって復活することです。サマディを成就した人の放つエネルギーは、地球の磁場や人々を浄め、幸福にするパワーがあります。そこに集う人に大きな癒やしを与えるのです。

サマディを成就した者の中で、さらに完全な成功者が人々のために公開サマディを行いました。それを成した成功者が200〜300年に1回くらい稀に現れていたのです。なかには修行者が試みるのですが、帰ってこない人が出て、その後公衆の前で行われるサマディは禁止されました。しかし、私とパイロットババジはサマディ成就者であり、特別に人々の前での公開サマディが許されていました。人々に真理を知らせるということと、世界平和のための公開サマディです。究極のサマディで、多くの人に愛と平和とパワーをシェアするためです。

こうした公開サマディには、究極の行を終えた大聖者から放たれるアヌグラハ（神の恩寵《おんちょう》である神秘のエネルギー）をいただこうと、何万人、何十万人もの人々が押し寄せます。

信仰心の篤いインドの人たちは、祝福をいただこうと聖者に会いに来るのです。そのまなざしは真剣そのものです。修行を完成した聖なる存在を一目見て拝みたいと、そして稀なる祝福を得たいという思いにあふれています。インドの人は究極のサマディの尊さを、知識として知っているのです。

世界じゅうを回る日々

私のヒマラヤでの修行が10年ほど経った頃でしょうか。師のハリババジから「日本で真理と平和を伝え、人々を苦しみから救うように」と告げられました。これは同時に、正統なヒマラヤ秘教の継承者として認められたことでもあります。その後、私は日本でヒマラヤの教えを広める活動を始めました。それからもう25年近い月日が経とうとしています。ヨガの普及からヒマラヤ秘教の真理の布教へと、私の活動内容は変わりましたが、自分の尊い体験を多くの人に知らせ、その恩恵や喜びを共有したいという思いは同じです。

私は祝福を与え、皆さんを幸せにする存在として生まれ変わりました。私のこの体そのもの、また目から、言葉から、手から放たれるエネルギーは祝福となって皆を幸せにします。皆のカルマが浄まり、意識が進化して楽になるのです。

多くの人に祝福を与えるとともに、誰もが本当の自分に目覚め、愛と平和の人に生まれ変わるために、私はさまざまな形で啓蒙活動を行っています。その内容は講演会、瞑想の指導、書籍の執筆やラジオのパーソナリティなどです。

布教や祝福のために、パイロットババジと世界各地へ出かけることもあります。インドを始め、アメリカ、イタリア、ドイツのほか、ロシアやオーストラリアなど、さまざまな国を訪れました。

思えば、信仰の土壌が乏しい日本という国で生まれ育った私が、宗教の国の遺産ともいえる究極のサマディの修行をしたり、悟りの境地に達するなど思いもよらないことです。死を超えて神と一体になる、超人的なアンダーグラウンドサマディを18回も行ったなど、自分でも信じられません。

私は最初からこのような高みを目指してやってきたわけではありません。そのときどきで目の前のことに没頭し、自分の直感に素直に歩んだ結果が今の姿なのです。段階を追って社会で成功し、スキルアップをし、人間関係を満足させ、人々を救っていきました。さらにそれでも満足せず、たった一人死への旅を行い、深い真理への旅が完成したのです。真理を悟り、人々をさらに本質から救う力を得たのです。それは人間として成功を収めるだけではなく、神とつながり本質に還ることでもありました。

前述したように「世の中をよくする成功」「人を喜ばせる成功」は、意義のある社会での成功です。今、多くの人にとってはそれを成し遂げることが、理想的な自己実現といえるでしょう。

私も「ヨガを広めたい」「ヒマラヤの教えを知ってほしい」、そんな自分の欲望や願いをかなえながら、皆さんから共感や感謝の声をいただいてきました。そういう意味では、私なりの自己実現ができたと思っています。

この本はそんな私から、輝かしい未来をつくろうとしているあなたへの贈り物です。成功を目指し、自己実現をかなえること。それは調和のとれた人間形成に努めることでもあります。そのために何をなすべきか。思考は、心は、体はどうあるべきか。その答えをヒマラヤの叡智《えいち》からのメッセージとしてお届けします。そして私、ヨグマタが、皆さんを無限なる未来の入り口へと手引きいたします。

ヒマラヤ瞑想の言葉

カルマ

○23ページ

体や言葉による行為、心の思いを総称したもの。仏教用語では「業《ごう》」と呼ばれる。私たちのすべての行為は、心の中と宇宙空間に記憶される。その記憶された内容もカルマと呼ぶ。

ヒマラヤの教え

○23ページ

ヒマラヤ秘教は、今から5000年以上も前にヒマラヤで生まれた悟りにいたるための実践の哲学。そのさまざまな修行法から、ヨガや催眠術、鍼灸などが生まれたとされる。本書ではヒマラヤの教え、ヒマラヤの恩恵、ヒマラヤの叡智などと表現している（67ページも参照）。

サマディ

○53ページ

悟りの境地のこと。光明ともいう。究極のサマディは、すべてのカルマを浄めて心を超え、呼吸などのあらゆる活動が止まり、死を超えて、神と一体になること。

ディクシャ

○54ページ

「伝授」という意味があり、マスター（師）からの秘法の伝授、エネルギーの伝授などを指す。また、そうした伝授を行う儀式そのものも指す（146ページも参照）。

スシュムナー

○56ページ

人体に7万2000あるといわれるエネルギーの通り道のうち、ヒマラヤ秘教のヨガが特に注目する3本の道のひとつ。体の右側を通るのが「陽の道」でピンガラ。左側を通るのが「陰の道」でイダー。そして真ん中を通る道がスシュムナー。ちなみに、左右のエネルギーが交互に強くなり、エネルギーのバランスがはかられている。

第2章

成功と幸福の関係

自由でいられる幸せをつかむ

幸福の形やイメージはさまざま

成功によってもたらされるものはいろいろです。

なかでも多くの人がイメージしやすいのは「幸福」ではないでしょうか。「成功すれば幸福になれる」「幸せになるために成功したい」といった思いは、誰もが抱くものかもしれません。

そこでこの章では、ヒマラヤの叡智からの視点で「幸福と成功の関係」について、「**求めるべき幸せ**」についてお話しします。また、皆さんが思い描くように「成功の先に幸福がある」とすれば、第1章で示した「理想とする成功」は、どのような幸福につながるのかにも触れたいと思います。

ひと口に幸福といっても、そのとらえ方はいろいろです。日々に感じる小さな幸せ

もあれば、長い時間をかけて成就されるような幸せもあります。

幸福の感じ方もさまざまです。夢や目標を達成したとき。やりがいのある仕事をしているとき。家族や大切な人と過ごしているとき。趣味にのめり込んでいるとき。グルメな方ならおいしいものを味わうときが至福でしょう。他人のために奉仕をしたり、困っている人を助けることに幸せを感じる人もいます。

このように幸せの形やイメージは、じつに多様です。ヒマラヤの教えが説く「幸せ」といわれても、なかなか見当がつかないのではないでしょうか。

幸せは自由な心と体でいること

ヒマラヤの教えでは「何ものにもとらわれない、自由な心や体でいること」を幸福としています。それは本当の自分になること、究極の悟りを得ることです。

心が何かに縛られていたり、執着したり、しがらみがある状況では、幸せになれないのです。そこに常に不安があるからです。

私たちは一度手に入れたものは守りたい、いつまでも手元に置いておきたいと思います。たとえばそれは幸福な時間であったり、地位や名誉、お金、若さや健康といったものです。

こうしたものは手に入れる前、自分にないときは不満が募ります。「あの人にはあるのに、自分には……」という思いです。しかし、あればあったで、今度は不安が頭をもたげます。「誰にも渡したくない」という執着が大きくなるからです。

こうやって考えてみると、私たちは常に気が休まるときがありません。これは心というものに、常に不足を見つけ、それを補おうとする癖があるためです。「足りない」ことばかりに意識が向き、**「足りている」ことに目が向かないのです。**

さらに、そうやってかき集めたものを、今度は執着という磁石で離さないようにします。心にはそんなやっかいな面もあるのです。こうした心のカラクリに早く気づき、心の癖から自由になる必要があります。

そのためには「足るを知る」ことを意識します。謙虚な目線で、今の自分にフォーカスします。もちろん多少の不満はあるでしょうが、今できることを思います。あなたは話すこともできるし、見ることもできます。それは見えない存在に愛されているのです。私は「恵まれている」「助けられている」。そんな感謝も湧いてきて、「今のままで十分」といった満ち足りた気分になるはずです。そして執着を手放せば、心身ともに身軽になれ、本来の輝きを取り戻せます。さらに狭い価値観や色眼鏡ではなく、広い視野のもとに判断が下せるようにもなります。自分を愛し、とらわれない心や体に整えていけば、調和のとれた人となり、幸福や成功を呼び込みやすい人格が形成されていきます。

「幸せな人」に共通のスタイル

幸せな人を見ると、ある共通した生き方、スタイルがあることに気づきます。

ひとつは「ためこむ」のではなく「*シェアする」生き方をしていることです。体も含めて、この世のものはすべて見えない力からいただいたもので、自分の所有物ではありません。今生に別れを告げるときは、手放さなくてはなりません。いわばお借りしているようなものです。そう考えれば、ため込んだり、物惜しみしたりせず、人に与える生き方が正しい道なのです。他人に分け与えることができる人は、まわりの人たちを生かしていく、輝かせていく人でもあります。

与えるのは物だけではありません。もっとも大切な愛を分け与え、安らぎや喜びを分かち合います。

次に*エゴを落とした生き方の実践です。それは感謝と愛を分け与える人、といえるかもしれません。そのことで自分の執着が落ち、さらに本質に近づくのです。

毎日の暮らしは、いいことばかりではありません。むしろイライラしたり、腹が立つことのほうが多いかもしれません。しかし、たとえ嫌な思いをしても、それを学びととらえ、感謝して流して愛を育んでいきます。これがエゴを発達させない生き方です。まわりから信頼される人は、気づきを持ってそんなふうに生きているかもしれません。

シェアをする。エゴを落とす。そして瞑想をする。これこそがヒマラヤ秘教が理想とする人間像であり、幸せな人に共通するスタイルなのです。

真に幸せになるためには、まわりと深いところからの宇宙的な愛を分かち合います。太陽のように差別も区別もなく、暖かな陽ざしを届けるのです。何の見返りがなくても、ひたすら与え続けます。

「自分は幸せなのか」。もしあなたが自問するときがあれば、与える人になっているだろうか、感謝を忘れていないか、そこに思いをめぐらせてみてください。

味わいつくしたら手放していく

第1章でもお話ししましたが、何事も一生懸命にやって成果を見たら、それは手放して次の目標へ向けて歩んだほうがいいのです。そのほうが身軽に、スマートに生きられます。新しい発想ややる気も湧いてきます。

得たものは手放して、分かち合うほうがいいのです。それは幸せのおすそ分けです。分けた福はめぐりめぐって還ってくるものです。人に与えたら卒業していく。そこに**思いを残さない生き方**を目指してください。

この後お話しするように、私は結果よりもプロセスに関心があるタイプです。結果の良し悪しにこだわると心が疲れます。そのプロセスが学びであり、気づきがあります。それを喜びにすると手放すことが楽になります。**努力や工夫を楽しんだら「後は繰り返し」「一時的な喜び」と理解して手放していくのです**。そういう気づきが、あなたを未来へ向けて成長させます。

常識にとらわれない発想が実を結んだ

成果を手放すのは、たしかに難しいことです。しかし、私の場合は「味わったら手放す」という意識がもともと強いようです。自分で育てたインストラクターに、いくつかの教室をまかせて手放すことにも抵抗がありませんでした。表舞台から裏に回ったのです。

先ほども少し触れましたが、私は30代のときに癒やしの体の動きを発見して、プラナディヨガというメソッドをつくり、それを本にして著しました。またヨガダンスというもっと自由な整体的な動きで楽しく体をつくるムーブメントを発明し、それらのメソッドについての本も書きました。また、食養指導やエステ、物理療法を取り入れたりと癒やしの技法もどんどん拡大し、学びと挑戦をしていきました。

私は成功するという意識よりただ先に進むという意識で、人生の意味を知りたい、物事の理を知りたいと、リサーチしていったのです。そして人生をより豊かにし、人を救いたいと思ってやっていったのです。それらのさまざまな方法を、興味を持って学びつくしていきました。

こうした行動も「**味わったら手放す**」という気持ちの表れです。ひとつのことが成就し満足したら、それを誰かに手渡すか、卒業してまた次へという前向きな気持ちになります。いつまでも同じところに踏みとどまらないのです。新しいことに果敢に挑戦して悪戦苦闘したり、いろいろ工夫をしたり、試したりというプロセスが楽しいのです。

また、私は、正攻法で無難に物事を進めるというよりも、人が今までやっていない方法でチャレンジするほうを選ぶタイプです。あまり型にはまらず、智恵をしぼって試行錯誤するような、ちょっとスリルを感じるくらいのやり方が好きです。

私がヨガを教え始めた当時、デパートのカルチャーセンターは、お稽古ごとの講座が多かったので、教室は体を動かせるようにできていませんでした。そこで無理を言って、絨毯《じゅうたん》を買っていただき、ヨガにふさわしい内装にしました。当時としては、これだけでも斬新なことでした。それが実現したのは、常識にとらわれない発想のあったことが大きいと思います。

これも私が父親を早く亡くしたため、「誰にも頼れない」という自立心が強かったせいでしょう。何でも自分で考え、自分を信じて進むしかない、という思いが体に染みついているのです。

まかせて人を上手に活かす智恵も大切

少し話が脇道にそれますが、私は何にでも興味が湧くタイプで、「何でも自分でやる」「何でも知りたい」という気持ちが強過ぎるようです。「自分でやったほうが早い」という思いが先に立ち、人にものを頼むのが面倒になりがちです。

現に、当時、ヨガの道場もあまりなかったのですが、インドの北から南に、西から東へと、大きな都市の道場に滞在して学びました。

小さいながら土地を探し、設計士さんを探してビルの道場を東京に2軒建てました。間取りを考えたり、品がよく長持ちするような内装にしようと、インドに大理石や御影石まで買いに行ってしまいました。船で運ばれたコンテナの石のチェックに晴海の港まで行きました。

しかし、さすがにいろいろな仕事が増えると、思いきって人にまかせていくしかありません。自分ひとりでやっていたことをまかせて、皆が育っていくのを待って受け入れるのです。

専門家が必要な分野は、その道のプロにおまかせすればいいのです。そのぶん、余った時間や心のゆとりを、自分のできることに向ければいいわけです。

人を育てていく場面では、相手を信頼しておまかせします。活動の場を与えて相手の成長を祈ります。これは相手も喜ぶことです。こうして人も活かしながら自分の願いをかなえて成長していくという道のりが必要です。

しかし、人にあまり期待し過ぎないことも大切です。それがうまくいかないときに自分を責めたり、相手を責めることになります。あまり頼り過ぎると、依存し合う関係になります。ほどよい距離は保ち、過度の期待はしないことです。期待はやがて執着になります。このあたりの距離感をはかるのは難しいものですが、家族や仕事の場でも、親しい間柄の人とも一方的に、「もたれかかる」のではなく「もちつもたれつ」でいたいものです。

成功と幸福のいい関係

成功は自分の外側のもの。幸福は自分の内側に湧くもの

ひとくちに幸福といっても、何に幸せを感じるかは人それぞれでしょう。しかし、おしなべて、その喜びは一時的なものが多いように感じます。

成功には精神的な成功と、物質的な成功があると思います。何か大きなことを成して、自分も人も喜ぶようなこと、また自分の内側で喜ぶ成功もあります。

たとえば、おいしいものを食べて満足しても、まもなく喜びが薄れていくように、物質による幸福は感覚の喜び、心の喜びです。自分の外側で得たものの喜びであり、刹那《せつな》的でいつか消えていきます。

これに対して、真の幸福があります。**消えない幸せ**です。それは自分の内側から湧き出るものです。人の奥には愛と智恵があり、さらに生命エネルギーがあります。そ

こにつながれるように、しっかり自分を愛します。さらにその奥にある本質を信頼するのです。そして外側にも、信頼と愛を出していきます。それらが心の内側に広がるのです。内側からの喜びです。

誰もが自分の中に否定的なものを持っています。それがあると、心の内側に幸せを感じられません。だから外側のわかりやすい幸せを求めてしまうのですが、今、あなたは内側からの幸せをつくる方法を実践できるのです。その否定的なものを落とすには、自分自身を信頼しサレンダーします。それは本質、つまり神におまかせすることです。これが「真の幸福」を呼ぶのです。

それでは、真の幸福を感じられる成功とは、どんなものでしょうか。たとえば仕事なら、喜んで課題に取り組み、愛を持って丁寧にクリアして、見事に目標を達成したときです。このような地道な努力が報われて、いい結果が出れば深い幸福感に包まれるでしょう。また、執着のない心で便利なもの、生活に役立つものをつくって世に広めることもそうでしょう。人を喜ばせ、人のためになることで成功できれば真の幸福を味わえるはずです。

こうして努力の末に得た成功は、自信や満足感、達成感も加わり、より大きく、たしかな幸福感になります。そしてそれは、精神も豊かにします。また、もっと自分を信じ、さらに、すべてを生み出す源（神）を信じておまかせすると、達成感におごることなく謙虚になり、さらなる成功につながることでしょう。

好きなことを皆にシェアする

幸福を感じる成功の形はさまざまです。のんびりと好きなことをして、飲んで食べてばかりでは不安になります。好きなことをするのはかまいませんが、それを自己満足だけで終わらせず、人を喜ばせることに活かせれば素晴らしいと思います。

読書三昧で毎日を過ごしている本好きの人は、読書アドバイザーになって、いい本を皆に教えてもいいでしょう。車が好きで何台も乗り継いできた人は、その体験を生かして車を乗り換えたいと思っている人向けにホームページを開き、そこでアドバイスをして喜んでもらいましょう。

おしゃれでファッションセンスのある人は、小さなブランドを立ち上げてもいいでしょう。メーカー品にはない独自のデザインを打ち出せば、既製の服にあきた人たちに喜んでもらえるかもしれません。家の片づけや整理が得意な人は、そのノウハウを忙しい主婦向けに、ブログなどで紹介すれば重宝がられるかもしれません。

このように好きな道を楽しみながら究めていき、そこから得たものをシェアして喜んでもらう。このような形でも、心からの幸せが感じられそうです。しかし心で頑張るのではなく、同時に源（神）からの導きで行う真理に出会っていただきたいと思います。

損得より、純粋な欲望をかなえる

組織に属する人であれば、与えられた仕事をするうちに「こんな製品があればもっと喜ばれるのでは」と思うことがあるでしょう。独自の発想、斬新なアイデアのひらめきです。しかし、上司や同僚に話しても実現が難しいのであれば、独立して起業するケースがあるかもしれません。そしてリスクも抱えながらアイデアを具現化し、それが思いどおりに多くの人たちを喜ばせることになれば、これも「幸せな成功」といえるでしょう。ただし、成功したからといって、会社で学ばせてもらった恩は忘れないことです。営業先や顧客も独自のルートを開拓するなど、礼節をわきまえた謙虚な姿勢が必要です。組織で得たノウハウにとどまらず、得意先まで持ち逃げしたように見えるやり方はしないことです。かつての会社や皆が認めてくれるのが、本当の幸せな成功です。

これは「自然の法則」「カルマの法則」というものです。自分の行為は、すべて自分に結果が返ってきます。誠実な行為があなたの明るい未来をつくるのです。

◎愛ある会社をつくる

もしあなたが起業するとしたら「本当の成功、真の幸せ」をかなえる会社を目指してください。組織である以上、ノルマや売り上げ目標があるのは致し方ないでしょう。しかし、ストレスを感じていては、仕事への集中力が失せ、エネルギーを消耗してしまいます。慈愛を持ってあなたと社員が助け合う心が大切です。

成績が伸びない人を結果だけで判断せず、事情や悩みを聞き、助言できる場合はアドバイスします。本人のやる気が出るように導いてあげることです。組織は人材を慈愛で育てる必要があると思います。能力も必要ですが、愛が最も大切です。それは命を与え、能力を引き出すからです。こうした慈しみの心をかかげて真理の道への正道を進めば、愛と品格のある企業にできると思います。生き残っていくのは、両方のバランスがとれた「愛ある会社」ではないでしょうか。

会社として人に喜ばれるものやサービスを広めながら、よい人材を育てていきます。働くことを通して人間性が高まるような、仕事のやり方を見つけたいものです。そんな会社があれば、まさに「幸福感に包まれた成功企業」といえるのではないでしょうか。

少し話が飛躍しますが、私は常々、就業時間中に瞑想タイムを採り入れたらどうなのかしらと思っています。海外では実践している企業もあるようです。サマディに向かうヒマラヤシッダー瞑想は、安全に心のストレスがとれ、執着がとれ、充電されて深い愛が湧き、人間性も高められます。

仕事にもいい影響が出ることでしょう。これからは、そんな考え方を持った経営者がいてもいいと思います。

幸福感のない成功はむなしいだけ

真の幸福にふさわしい成功の形とは反対に、むなしい成功、不幸な成功の形もあります。それはお金を得ることが成功への近道と考えることです。

たくさんのお金を稼げれば心が喜び、感覚も歓喜するので、そこに幸せを見つけたつもりになります。しかし、それは外側のものであり、変化するものであり、なくなってしまうもので、常に不安があります。それは見せかけの幸せであり、ごまかしの幸せです。本質の幸せには、ほど遠いものです。お金がほしいと働けば働くほど、お金への執着やこだわりが強くなり、エネルギーを消耗して疲弊していきます。

そんな働き方を続けていくうち、多くの人は「どこまでやってもキリがない」「喜びや充実感がない」ことに気づきます。お金や名誉といった表面的なものをいくら手に入れても、自分の中心にある魂には響かないからです。どこまで続けても内側が満たされず、不完全燃焼で時間が過ぎていきます。

お金を使っていろいろなものを手に入れて幸せになろうとします。なかには現実から目を背けるため、飲酒や遊興といった不健康な習慣にはまる人もいるでしょう。ストレスで人間関係に破綻をきたすかもしれません。心の無理がたたるのです。これではたとえ成功したように見えても、幸福感は味わえないと思います。

「幸せな成功」は人格を磨き上げる

仕事帰りに寺院へ向かうインドの人々

日本では仕事が終わると、それぞれが思い思いの時間を過ごします。帰宅して家族とくつろぐ、職場の仲間と食事に行く、習いごとや趣味の時間を楽しむなどです。

これとは対照的に、インドでは仕事が終わると、多くの人が寺院にお参りへ行きます。「グル・デイ」とか「シバ・デイ」などと銘打って、ほぼ毎日のようにお寺でお祭りがあるのです。そこで祈り、歌ったりして楽しみながら、神やグル（師匠）に捧げものをして自分や家族の幸せを神さまにお願いします。

彼らにとっての成功は、たくさんのお金を持つことでもありますが、むしろ精神的な豊かさを求めています。そのため慈善事業や*お布施をすることが盛んです。なかには私財を投じて、地域のための寺院を建てる人もいます。

これらは「よい行いをして、それを神さまに見ていただく」という思いがさせることです。インドの人たちは階層に関係なく「常に神さまに見られている」という意識が強いのです。ですから進んで善行を積んでいくわけです。

ヨガでつながるコミューン

似たようなケースを、私はロシアで目にしました。私が招かれたのは、シベリアのノボシビルスクです。ここで暮らすあるロシア人の男性は、10代の頃から食肉業界で働き、やがて独立してステーキレストランなどの経営で大成功を収めました。この方がヨガを学び始め、その先生のご縁で前述のパイロットババジと知り合ったようです。

彼はどんどんヨガの世界にひかれ、やがてインドの道場にまで出かけて瞑想をするようになりました。やがて食肉の仕事を整理して、私財を投じてロシアに広大な土地を購入しました。そこに、住宅や病院、瞑想のための道場などをつくり、ヨガでつながる仲間とコミューンをつくる計画を進めています。瞑想や神への祈りを生活に取り入れながら、皆が同じ土地で暮らしていくプランだそうです。私も実際に目にしましたが、平和で心なごむ土地でした。

成功や自分の願いが成就することも大事ですが、私がロシアで見たように、魂に出会うこと、悟りへの道が人としての人生の本当の目的です。まず、見えない存在、神によって、生活の中に「生かされている自分」や「源の存在」「神」を意識する時間を持つ。そんな敬虔《けいけん》で崇高な心がけを、皆さんにも持っていただければ、と願っています。

不動の心で成功体質になる

ここまでどんな成功や幸福を求めればいいのか、ヒマラヤの教えに従って紹介してきました。いずれも日々の心構えや行動の規範となるようなものです。心と体を正しく使って、あなたの真の成長＝自己実現を目指してください。

そしてできるならば、ヒマラヤシッダー瞑想と信仰を、生活の一部にプラスしていただきたいと思います。ヒマラヤの恩恵によって源につながれば、体、心、魂のすべてが浄化され、変容します。さらに、物の見方や考え方にもブレがなくなり、一本芯が通ったように安定した、不動の心になります。

源の存在こそが、この体と心を動かしているのです。あなたの奥深くに尊い存在があります。人はそこから送られてきて、やがてそこへ還っていくことに気づきます。そのことで心のあれこれの迷いがなくなり、自信にあふれるのです。

多くの人は日々生きるのに忙しく、根源的なことに無関心です。目に見える外側の物事に気をとられ、目に見えることだけを信じて生きています。しかし、見えなくても存在するものはあります。あなたの魂とそこに宿る神性もそのひとつです。

ヒマラヤシッダー瞑想によって魂との絆を感じれば、見えない力に守られていることがわかります。そしてそれは、あなたが成功を実現するための願いをかなえる力を100パーセント引き出すことができるのです。それは成功のための原動力となります。

楽に正しく生きられる宇宙の法則

ヒマラヤ聖者は、自然から真理を悟ることでたくさんのことを学びました。宇宙には太陽があり月があります。この光によって地球のすべての生物が生かされています。太陽の光（陽の光）は地球の大地に恵みを与えるだけではなく、月をも照らして月の光（陰の光）を生み出します。この対照的な陽の光（エネルギー）と陰の光（エネルギー）があることで、絶妙なエネルギーの調和が生まれます。そして、創造が展開されているのです。

太陽の光は活動的で強く、それだけでは熱く、燃え過ぎてしまいます。しかし、そこに月の光の冷気とやわらかさが加わると、ほどよくマイルドになります。この調和のおかげで私たちは成長して、心と体のバランスも保たれています。

こうした宇宙の法則が人間の肉体にも働いています。人間の体は宇宙を構成する素材と同じものでできています。ヒマラヤの教えでは、体のことを小宇宙といっています。本来、肉体の自然は大自然と同じようにバランスがとれ、癒やされ平和であるはずです。しかし、人間にはエゴがあるのでこの働きが乱れ、苦しみが起きています。

そのことをヒマラヤ聖者は発見したのです。そして、どうしたらこの苦しみを取り除くことができるのか、また、どうしたら大きな成功を収めることができるのかも知ったのです。その答えは、**自然に戻すことです。調和を積極的にとることです。**そうしないと、人間生活はどんどん不自然な状態をつくり続けていってしまいます。本来、人間は自然の心を持っているのです。**私たちの奥深くにある本質**は、平和で愛に満ちた存在です。私たちはこうした恩恵を、いつも無意識に享受しています。

このありがたいエネルギーを余すところなくいただくには、魂を汚さないように、尊敬、愛、感謝を持って生きなければなりません。ヒマラヤ秘教は、あなたのエゴで混乱した小宇宙を積極的に浄化して進化させ、深い見えないところから崩れてしまったバランスを取り戻し、生まれ変わらせることができます。それは完全な人間になる、つまり悟っていくことができる実践の教えなのです。それは段階を追って深化していきます。まず、もともときれいなあなたを汚れないようにするための生き方をします。それがヒマラヤ秘教の教えである、真のヨガの修行のひとつ「ヤマ」「ニヤマ」です。これは修行者である、ないにかかわらず、誰にでもおすすめしたい教えです。

ヨガの修行者が守るべき「ヤマ」「ニヤマ」

ヒマラヤ秘教の真の*ヨガには、悟り（サマディ）に達し真理を得るための8つのステップを追った修行法、「八支則《はっしそく》」があります。ヨガの修行者は、マスターのガイドのもと、この8つのステップを順番に辿《たど》りながら、修行の内容を高め、最終的に悟りの境地であるサマディ（三昧《ざんまい》）にいたるのが目標であり、理想なのです。

仏教の悟りへの道「八正道《はっしょうどう》」と同じようなものですが、さらに体と心を使っての実践が入ります。その八支則については第4章（↓153ページ）であらためて紹介しますが、その1番目と2番目の段階に「ヤマ（禁戒）」「ニヤマ（勧戒）」という、心構えの修行があります。そのベースとなっているのは「心と体をよいことに使う」ということです。これは人として正しく、清らかに生きる指針ともなるもので、これから自分の成功を目指すあなたにも、ぜひ参考にしていただきたい教えです。修行と聞くと難しそうなイメージがありますが、ヤマ、ニヤマは心がけひとつ、誰でもすぐに実践できる教えです。

日々の暮らしの中で、競争社会の中で、人を信じなかったり、うらやましがったり、不足を感じやすいこともあるかと思います。あなたの心身がそんなストレスをためないように、怒りや、イライラやジェラシーで心を汚さないように、ヤマ、ニヤマを意識しながら、よりよい生き方を自分なりに模索してみることです。

日常生活でやってはいけないこと――ヤマ

真のヨガ、つまりヒマラヤ秘教は宇宙の本質を知り、本当の自分を実際に体験して、人間完成を目指す精神的な実践の教えです。そうした高邁《こうまい》な思想を学ぶ入り口となるのがヤマです。ヤマは禁戒、つまり禁じる戒めです。日常生活において、5つの「してはいけない」ことが説かれています。

1 不殺生と非暴力（アヒンサー）

他人に暴力をふるうことを禁じています。広くはすべての生き物に暴力をふるわないことです。これは暴力的な行動だけではありません。相手を傷つけるような言動、言葉や心の中の思考による暴力も禁じています他人の命を尊びます。慈愛のある人になります。自分が愛ある人になれば相手も変わり、平和が訪れます。人間関係もよくなり、皆でいい仕事ができ、成功します。自他を癒やすことになるのです。

2 嘘をつかない（サティヤ）

嘘をつかず、誠実に生きることを教えています。現代は競争社会なので、自分を大きく見せようとか、賢い人間に見せようと考える人もいます。人目を気にして、自己防衛のために無理をするのです。これも嘘のひとつです。

社会は人を貧富の差や能力の優劣で区別しがちです。うわべでその人の価値をはかろうとするところがあります。だから勝ち負けを意識したところに嘘が生まれやすいのです。しかし長い目で見れば誠実がいいのです。

嘘を隠すために嘘を積み重ねると、小さな嘘がやがて大きな嘘になります。そうすると後ろめたい気持ちにとらわれ、純粋な心でいられなくなります。

嘘をつくとそのときはごまかせても、いつか無理がたたりボロが出てきます。お互いに信頼して、尊敬しましょう。自分にも他人にも嘘をつかない。それが信頼関係の土台になります。誠実な生き方が心を平和にし、成功につながるのです。

3 盗まない（アスティヤ）

盗むことは罪なこと、自他の心に汚点を残し傷つけることです。相手が悲しみます。盗むということは物に限らず、他人の大切な時間などを奪わないことも含まれます。たとえば約束の時間を守らないと、相手の貴重な時間を盗んだことになります。また、他人に迷惑をかけたり、依存することも、相手の愛やエネルギーを奪うことになるでしょう。相手がそれを許してくれるならいいかもしれませんが、本来はそういう事実に気づいて、相手を気遣うのが大人の関係です。人間は与えてもらう、ギブアンドテイクの関係が多いのですが、さらに進化すると、シェアしたり、捧げたり、与えたりする関係になります。そうすることで豊かさが湧いてくるのです。

❹ 性欲に溺れない（ブラフマチャリヤ）

禁欲のすすめです。感覚の喜びに陶酔して、命をすり減らす人が多いことに意識を向けさせています。これは性欲だけに限らず、食欲や睡眠欲も同じです。

私たちは無意識のうちに必要な欲望ではなく、感覚が喜ぶだけの不要な欲望にとらわれがちです。感覚の欲望を野放しにしていると、エネルギーが漏れて消耗していきます。そしてそれが癖になると、心も体もエネルギーをどんどん浪費します。さらにカルマを積んで、ストレスをため込みます。無駄なエネルギーを使わないよう、節制することを戒めているのです。成功するために多くの犠牲を払っていると、こうした欲望がコントロールできない場合があります。また成功して豊かになり、安易に感覚の欲望を満たせるようになると、欲望に翻弄されやすくなるケースもあります。

いずれにせよ、感覚の喜びにひたって欲望を自制できなくなると、早く老化して集中力を欠き、生活が破綻してエネルギーが浪費され、悟りへの道も遠くなります。

5 貪ぼらない（アパリグラハ）

執着すること、貪ることを禁じています。

多くの人が不安を抱えて生きています。そして不安を解消するために、さまざまな物を貪るように集め、それに依存しています。しかし、それも一時しのぎで、根本的な不安は払拭できません。そして、また物を集めるという悪循環を繰り返します。

こうしたスパイラルから抜け出すためにも、貪欲さを捨てていくことが大切です。求めるばかりでなく、自分が与えなければならないことに気づきましょう。

修行者は出家をして、何も持たないことも体験します。私たちは神からすべてが与えられているのです。いろいろな物を持っても、死ぬときには何も持っていかれないのです。分かち合い、執着しないことです。それによって心の思いから自由になり、もっと平和になり、エネルギーをストックできます。そうして心をもっと必要なことに活用できたり、あるいは悟りに向かうことができるのです。

日常生活で実践したほうがいいこと——ニヤマ

ヤマの禁戒に対してニヤマは勧戒。暮らしの中で進んでやるべきこと、気をつけることを説いています。ヤマと同様に、社会的、個人的な行動の規範として実践することをすすめています。

I 清浄にする（シャウチャ）

体や身のまわり、部屋や仕事場を清潔にしておく、浄めることです。これはカルマや心を浄めることにもなります。インド人は沐浴《もくよく》をして魂を浄め、心をきれいにしていきます。こうして清潔になると純粋な存在となり、心もいいものを引き寄せるようになります。

また清潔にすることで、病気にもならないという意味合いもあります。インドでは、眠りから覚めたら朝早く必ず水で体を浄めます。暑い国ですから水なのかもしれませんが、そうして初めて神やグルに挨拶をします。

また常に清潔な衣類を着てお参りをします。神は純粋な存在です。その神に対面するときは、穢《けが》れのない衣装でということなのです。純粋にすることで、心身がフレッシュになり、さらに正されていきます。

2 満足する（サントーシャ）

今あるものに感謝する、ということです。私たちはなかなか満足しない存在です。ともすれば否定的なことを考えたり、言葉にしたりしてしまいます。容姿、才能や能力に対して、不足を探して嘆いたり、落ち込んだりしています。まわりの人に対しても、不平不満を感じたり、あらさがしをしがちです。

「あれが足りない、これが足りない」という心の癖がつくと、常に不足を感じ続けるようになります。本当は満ち足りているのに、不足にばかりフォーカスするのは不幸なことです。何事も人のせいにしたり、愚痴ばかりこぼしていては、まわりも自分も気分が悪く、非生産的です。不平不満や不足を感謝に切り替えるのです。そのためには心をニュートラルに保ち、バランスをとっていきます。また、自分や相手のいいところを見出す、心の目を養います。感謝を学べばそこから満ち足りた気持ち、つまり「満足」が生まれます。そして、より豊かなものをつくっていくことができるのです。

3 苦行する、鍛錬する（タパス）

善い行いを続けることが苦行です。体をいじめたり、怖い思いをするような苦行もありますが、それはある特別な人々の修行です。ちなみに、お墓で修行をする「タントラの修行」というものがあるのを聞きました。それは霊を操る修行を行うそうです。そうした怪しげな修行をするマスターもいるので、修行をするときは純粋なマスターに出会わなければなりません。

苦行の一例をわかりやすくいえば、「絶対に嘘をつかない」という誓いを立てたら、それをずっと守り抜くのです。あるいは、「絶対に無駄口をきかない」という決めごとを自分に課すのです。このように一度決めた善行をコツコツ続けていくことで、精神が一定の方向に向き、エネルギーが散漫にならず蓄積されるので、心身がパワフルになります。筋力トレーニングに対して、こちらは精神を鍛えるトレーニングです。

ただし、自分のやりたいこと、感覚が喜ぶことをしても苦行にはなりません。目安となるのは「**その行為で魂が輝くか否か**」です。

あなたにおすすめしたい苦行があります。それは「愛の人になる」ことです。行為を正して、まわりの人と慈愛をシェアすることを誓います。シンプルで気持ちよい生き方が、あなたを慈愛の人に育てるのです。それは、人々を幸せにするとともに自分を幸せにします。そうして悟りに近づいていくのです。

「幸せな成功」で人格を磨き上げる！
新しい生き方を実践したい方へ

ヒマラヤ大聖者ヨグマタ相川圭子から真理を学ぶコースのご案内

シッダーディクシャコース、秘法伝授

真理の道にマスターの存在は欠かせません。悟りのマスターの存在からのエネルギーがあなたに祝福となって変容を与え、瞑想を起こさせるのです。段階を追って、悟りへのステップとなる瞑想秘法が順次、伝授されていきます。

それは「ヒマラヤシッダー瞑想」です。最初はシッダーディクシャガーディアン、次のステップはシッダーディクシャ１となり、さらに時を経て、順次パワフルな秘法の伝授があり、最高の人間完成を目指していきます。

総合的な生き方の学びと実践
ヒマラヤ大学といえるメソッド

祈りとヒマラヤシッダー瞑想の実践により、あなたは生涯守られ、生き方を学び、意識を進化させ、真の幸福と悟りへと向かいます。

それは、ヒマラヤ5000年の伝統と現代的な実践法が融合した、「ヒマラヤ大学」ともいえる、世界のどこにもないメソッド。

ヨグマタのガイドのもと、あなたは安全に自分を高め、人生が豊かに開かれていきます。

ヨグマタ相川圭子主宰　サイエンス・オブ・エンライトメント
Tel: 03-5773-9875（平日10～20時）
公式ホームページ　http://www.science.ne.jp

詳細は無料オンラインガイダンスへ
https://www.science.ne.jp/admission/flow/#guidance＿page2

4 学習する（スヴァディアーヤ）

自分自身を知っていく学びです。人生の真の目的は、本当の自分に出会っていくことです。人は、自分は体や心からできていると思っています。しかし、体は歳とともに老いていきます。心も刻々と変わっていきます。

こうした変化をするものが、本当の自分なのでしょうか。究極の自己の悟りは、セルフ、つまり本当の自己を知ることであり、英語でいうセルフリアライゼーション（self-realization）です。そのための学びをしていくのです。そしてそれを実際に体験していくのが究極のサマディです。本質にある永遠の存在、変化しないであなたを生かしめている存在に出会う、そうした真理を探究して心が理解をして平和になるのです。

5 降伏する（イシュワラ・プラニダーナ）

ここでの降伏するという意味は、私たちを創造した存在、つまり源にすべてを明け渡すことです。それと一体になり、すべてをまかせるのです。それがサレンダー（信頼）することです。

自分に起きることをそのまま受け入れ、慈愛でまわりの人たちと接していけるよう、神に願いましょう。そうすれば調和のある、平和な世界になります。

そして自分の中に神があることを信じます。神秘の存在があることを信じます。源の存在はすべての人へ、能力と神性を平等に与えています。分け隔てなく、区別も差別もありません。

あなたがもし他人と自分に差がある、と感じるならば、それは自分の中の神性に気づいていない証拠です。まだ、多くの人は本当の自分に出会っていないのです。ヒマラヤの智恵は、自分の内側にある神性を目覚めさせてくれます。それは永遠の存在であり、それを信じるのです。そうしてエネルギーの充電を得て満たされるのです。

ここまでヤマ、ニヤマについて紹介してきました。なかには当たり前に感じるものがあったかもしれません。しかし、理屈ではわかっていても、実践できているかが問題なのです。普段の行いに照らし合わせながら、意識を持って行ってみてください。

質の高い成功と幸福を目指す

どんなお金持ちも、成功者も悩みます。物質的な豊かさを得ても、心は深く満足しません。生きるうえで心と感覚の喜びを得ても、それは一瞬のことで、心の深くでは何らかの不足を感じています。ところが多くの人は、それが何かわからないのです。何かを見失ったままさまよっているのです。

魂以外のものはあとから取り込んだもので、いつか手放さなければいけません。そのとき、魂が濁った心に覆われていると、あなたは苦しみの世界に導かれます。また、あなたの集めた物や体も、死ぬときはゴミと化してしまうのです。そうしたことに気づいたとき、どのように生きたらよいのかということです。

人はカルマを背負い、そのまま死んでいきます。魂を覆う汚れた心を浄めることはできません。しかし、シッダーマスターの恩恵で、それを変容させます。そして魂になっていきます。つまり本当の自分に出会うために生まれてきたのです。本当に戻るべきところの故郷、つまり神のもとに還ることができるのです。シッダーマスターの祝福で内側を磨き、神性を目覚めさせてください。また同時に外側の行為も無執着で、人に喜びを与える行為をします。その暁に、質の高い成功と豊かな幸福があります。あなたはもともと純粋で、高貴な存在なのです。

ヒマラヤ瞑想の言葉

シェア

069 ページ

見返りを求めずに人に差し出していくこと、奉仕していくこと。幸せや成果を人と分かち合うこと。ヒマラヤ秘教では、自分に取り込む回路ではなく、人に捧げる回路を充実させることをすすめている。

エゴ

070 ページ

自己満足や自分勝手な欲望や願いのこと。エゴが肥大すると執着になり、エネルギーを無駄に消耗し、心身ともに疲弊することになる。

お布施

083 ページ

真の成長には、見返りを期待しない「捧げる」という行為が欠かせない。なかでも、お金を人のために役立てる行為お布施は、もっとも執着をはずし、心の浄化を促すものとされる。多くの人々の平安や幸福につながる、意義あるお布施をすることが大切になる。

ヨガ

088 ページ

真理を求める実践の修行で、真理を悟ることを究極の目的としている。日本でヨガと呼ばれるフィットネスや呼吸法は、その段階の中のひとつ。ヨガという言葉自体には「結ぶ」という意味があり、宇宙のすべてが調和で結ばれていることを表す。本章で紹介した八支則は、ヨガの修行の段階を示したもの。

第3章

未来と今をつなぐ自分への問いかけ

成功のために必要なこと

願いをかなえたいと思うのはカルマ。自分を高めながらよいカルマも積む

未来の目標を定めようと考えるきっかけや動機は人それぞれです。親と同じ職業に就きたいとか、子どものときから憧れていた仕事をしたいなど、早くから心の中にやってみたいことが芽生えることもあります。また、いろいろな仕事や体験を経た後に「本当にやりたいことはこれだ！」とひらめきを感じることもあるでしょう。

いずれにせよ、自分がやりたいこと、将来の夢や希望、自分の願いをかなえたいのは、深いところからの記憶があり、それを実現したいという、一種のカルマです。第1章でも紹介したように、**過去からの体験に基づき、自分に向いていることをやりたいと思うのです。**

話すのが得意な人は営業職に、書くことが好きな人は事務や記録の仕事に就きたいと思うでしょう。物事の段取りがうまい人は企画やイベントの会社、機転が利いてよく気がつく人はサービス業が向いているかもしれません。

こうした才能を大切にしながら「より実力を磨きたい」「もっと勉強して極めたい」「さらにスキルを高めたい」といった向上心を持ち続けることです。そのときに必要なことを体験しながら、目標に向かって歩みを進めていきます。

しかし、これらは心を強め消耗することでもあるので、心が欲望で汚れます。そこで、真理に出会う、つまり魂に出会うための行為も同時にしていくのです。心を浄化して生きていくのがいいのです。よい人格になる生き方をします。人に親切にしたり助けたり、まわりの人と調和をはかっていきます。そのことで、「本質のあなた」に近づいていけます。カルマが浄化されて心を正しく使えるようになり、ストレスが浄化され自由になっていきます。

働いて得たお金は、自分を幸せにするのみでなく、たとえ少しでも人のために役立つように使うことをおすすめします。よい行いを心がけていくことでよいカルマが積まれ、よい結果になって実を結ぶからです。そして、再びあなたに還ってきます。こうした行いは、成功に向けた、着実なステップアップになっていきます。

成功のために必要なのは、スキルより豊かな人間性

成功するために手段を選ばないとか、競争心むき出しで他人を出し抜いていると、どこかに「ひずみ」が生まれてきます。その結果、たとえ一時はよい結果が出ても、それは長く続かないことがわかってきます。

セルフィッシュに、自分の欲望のままにやってもうまくいかないのです。人の喜ぶものでないと、本当の成功にはなりません。「人を幸せにしたい」という気持ちが最優先となるのです。

そして自分だけで動き回っても、自分本位に人を動かしても、物事はうまく運ばないことに気づきます。どうあがいても、未来を開くには人の助けが必要なのです。自分の価値観だけでは成功しません。

たしかな未来へのプロセスも結果も「まわりの人たちと分かち合いたい」という意識を持つことを忘れないようにしましょう。

外側のひずみを止める

話が少しそれますが、先ほどお話しした「ひずみ」というものは大変怖いものです。正しくバランスのとれていたものが、目に見えないズレやゆがみによって少しずつ変調をきたし、「ひずみ」となって積み重なっていきます。それが何かのきっかけで破綻すると、堰《せき》を切ったように悪いことが起きるからです。

お金のために無理を通したり、魂を汚す人もいます。それでも少し前までは、「お天道《てんと》さまは見ている」とか「悪いことをすれば報いがある」といった、素朴な信仰が私たちの中に根付いていました。いい意味でのブレーキになっていたのです。

しかし今は価値観が逆転し始め、かつての「自然」が「不自然」になってしまっています。そのことに気づかない人が、大多数になっている気がします。これは危険で怖いことです。ただ物質的な豊かさを求めていては「ひずみ」が生まれ続けます。

最近とみに多い水害や土砂崩れ、異常気象なども、地球や自然のゆがみの結果だと思います。

人間の勝手な欲望で、森林伐採や環境破壊が世界規模で進んでいます。膨大なエネルギーの消費や技術革新など、セルフィッシュな行動によって自然がゆがめられ、気づかないうちに「ひずみ」が進行しています。それが台風や地震をきっかけとして、一気に表面化し、自然災害などのひどい現象となって表れています。

こうした災害は、自然から私たちに対する警鐘なのではないでしょうか。自然をコントロールしようとしていることへの怒りとも感じとれます。

ヒマラヤ秘教の教えは、私たちのこの体を宇宙のミニチュアと考えると言いました。もっと一人ひとりが、宇宙的視野に立つことができるのです。個人が変わることで、この地球に警鐘を鳴らすことができます。

現状に歯止めをかけないと、世界と人類の未来はおぼつかなくなります。ほんのわずかな希望でも絶やさずに、地道に声をあげ続けることが大切です。それが大きなうねりになっていくのです。

人間は本来、宇宙や自然に生かされている生き物です。それを忘れておごり高ぶった考えでいる限り、私たちに本当の幸せは来ないかもしれません。私たちはこれから愛と平和を目標にかかげ、平和のエネルギーでやっていかなくてはいけません。

潜伏していた内側のひずみに気づく

そしてこれからは「未来をどうしていくか」というテーマも大切になります。個人的な小さな未来だけではありません。国や世界のレベルでよい世の中をつくっていく、広い視野に立った未来志向です。そうした考えを広げていくことが、今後、人類の大きな成功につながるのではないでしょうか。

世界を見ても日本を見ても、皆が外側だけを豊かにしようとしています。たくさんのお金を持ち、華やかに着飾り、物に囲まれることが豊かで幸せ、という価値基準が蔓延しています。

もっと本当の自分について考え、意識を進化させていくのです。あなたという小宇宙のクオリティをよくして、愛を、知恵を目覚めさせていき、お互いに助け合い、尊敬し合い、クリエイティブな平和で美しい社会をつくっていくのです。

潜伏していた内側のひずみは、ひたひたとあなたを蝕み、やがて大きく侵食してアンバランスとなり、性格破綻や病気になっていくのです。自分の内側に気づき浄化していきます。まず源（神、永遠の存在）につながり、信じるのです。そして悟りに向かいます。神と一体になる本当の自分に出会っていきます。

これから成功を期すあなたには、どうかあなたの大きな願いをかなえることを目指していただきたいと思います。ヒマラヤシッダー瞑想を実践して悟りへの道を進み、智恵と愛と平和の心を持って生きていっていただきたいのです。そうしたパワーで狭い日本だけに閉じこもらず、世界の人たちが幸せになるもの、喜ぶものをつくってください。「少しスケールが大き過ぎるかな？」と感じるくらいの広い度量と、視野を持って挑んでいただきたいと思います。

自分の内側へ旅に出る

世界をよくするのは個人から、というお話をしました。未来を開こうとしている皆さんは、その一端を担っています。そこであなたには、未来への旅に出ると同時に、本当の自分への旅、*インナー・ジャーニーをおすすめします。

私たちの体と心は、生きている間は魂によって生かされています。体はいうなれば魂の乗り物、自動車のようなものです。道具としては便利ですが、人生の主人公ではありません。**主役はあくまでも魂です**。死んで魂が離れれば、体はただの物質に戻ります。

しかし、心には記憶が残ります。その記憶の奥にある魂が、あなたを支えているのです。心は変化していくものです。魂そしてその源は永遠の存在、変わらない存在です。その存在が、心の曇りに覆われています。実際に心を浄化してその奥に入っていき、体験していくのが本当の自分を悟るということです。それが真理に出会うということなのです。

それを体験すると、体と心が何なのかが理解できます。それがわからないうちは脇役の心や体の欲望に翻弄されながら生きていきます。この世界がある意味では魅力的なので、さまざまなものに執着していくのです。外側のものを集めて、依存して満足して、飽きてまた依存する。その繰り返しで一生が終わります。

体と心の本質を知り、利己的な欲望に翻弄されるのではなく、捧げ、手放していきます。そうしたよりよい方向へ自分を開花させていくことこそ「進化した生き方」といえるものなのです。

たしかな未来のために今すべきこと

地力をつけておく

未来の目標が見つからないという人もいるでしょう。しかし、次第に環境が整えば、目的意識や成功への欲求が自然と湧いてくるものです。今は準備期間だと考えて、まず地力《じりき》をつけることを意識しましょう。

そのためには知識を増やしていく、体力をつける、人とのつながりを大切にするなど、自分の糧になるものを蓄えていきます。そして積極的にさまざまな体験をしていくことです。少しでも「やってみたい」と心に浮かんだものがあれば、楽しみながら迷わずやってみましょう。

あなたが組織に属しているなら、まずは自分に与えられた仕事を一生懸命にやることです。基本を大事に、ときには工夫や智恵も加えながらやっていきます。それはひとつの精神統一なのです。こうした地道な積み重ねが、あなたのベーシックな力を養っていくからです。

そして、まかされた役割を果たしているうちに、さまざまな経験から視野が開け、自分が磨かれていきます。そうすると自然にやりたいこと、目指すことがイメージとして湧いてきます。

まず、「これは得意だな」「これをやっていると楽しいな」、そういうものを続けていけばいいのです。この章の冒頭でもお話ししたように、心が素直に向き合える対象があれば、それがカルマです。あとはコツコツと丁寧に、あせらずにやっていくことです。

そうしたなかで学び、精神を統一してよりよい心を実践していくのです。それを通して気づきを深め、無償の愛の人、平和の人になっていくとよいのです。

目の前で起きていることは、「今、必要なこと」

目標のない自分を不甲斐《ふがい》なく思うとか、卑下《ひげ》する必要はありません。自分の目の前に起きていることは、「今、必要なことが起きている」と考えればいいのです。すべてが次のステップにつながっていることを信じましょう。私の体験を振り返っても、何ひとつ無駄なことはありません。

また、他人と自分を比較して、コンプレックスを感じたり、自分を責める人がいますが、そんな必要もまったくありません。人にはそれぞれ使命があるのです。あなたは「**あなただけのカルマ**」を持っています。自分を信じて、あなたのカルマを生きてください。

与えられた務めを果たしながら、自分を見つめ、善行と慈愛の心を忘れず、感謝の気持ちで生きていくことです。

まず、よいカルマを積むことが使命です。それは必ずよいものを引き寄せるのです。そうして使命をまっとうします。それがあなたのクオリティを上げ、基礎力をつけるトレーニングになります。こうした生き方ができる人は、何をしても成功できる人に変わっていけるでしょう。

この「*よいカルマを生きる」という生き方そのものも、人生の大きな目標になるのではないでしょうか。

成功や自分の願いをかなえるといった目標とともに、人間形成の基礎としての生き方をさらに正しいものにしていくのがよいのです。多くの人がこうした気づきを持って生きていけば、さらにこの社会が愛にあふれた世の中になっていくと思います。

成功が遠い人は「誰のための成功か」自問してみる

成功を目指して自分なりに頑張ってみても、なかなか成果が得られない人もいます。それは成功を求める姿勢や動機に問題があるのかもしれません。たとえば「事業を拡大しなければ」「もっとお金を稼ぎたい」「早く名をあげたい」など、成果ばかりを求めていないでしょうか。これではまわりの人への尊敬、やさしさ、謙虚さを忘れがちになります。前述したように、スキルではなく人間性が成功のカギを握るのです。

たとえば、自己の願いをかなえて成功したいという、ふたりの人がいたとします。どちらも同じ程度の実力であっても、やさしさや気づかいのある人のほうが、まわりからの支援を受けて成功に近づきやすいでしょう。よき人格がよき人を引き寄せ、よき成功をたぐり寄せます。

事がうまく運ばないときは「自分本位になっていないか」「誰のための成功か」、原点に立ち返って自問してみてください。

ただし、人へのやさしさや気づかいがとってつけたようであると、鼻につくことがあります。単に心の思い込みの演技になってしまうと、嘘の世界を生きることになります。それでは自分をごまかして生きていくことになり、常にむなしさがつきまといます。あくまでも深い真理のレベルからの思いやりにならなければならないのです。

失敗は気づきのチャンス

思い描く未来を実現するには、すべてが順調にいくというわけにはいきません。むしろ失敗をしたり、ミスをしたりして、思いどおりにならないほうが多いのではないでしょうか。しかし、失敗することは悪いことではありません。

「失敗から学ぶ」という姿勢を大切にしてください。成功から学ぶことより、痛手や後悔から学ぶことのほうが多いのです。それは身に染みるからです。「なぜこんなことをしたのか」と、しみじみ感じるので、次は同じことをしないように、と思えます。二度と同じ失敗をしなければ、そのぶん、あなたは成長しています。「失敗は気づきのチャンス」とポジティブに受け止めてください。

ただし、反省するのはけっこうですが、それも度が過ぎると自己嫌悪になり、よいエネルギーまで枯渇します。あまり自分を責め過ぎないことです。

失敗はまわりに迷惑をかけます。いろいろな人から注意やお叱りを受けることもあるでしょう。「もう聞きたくない」とストレスを感じますが、そこから逃げないことが次につながります。**外側からの刺激が、自分を変えてくれるからです。**

自分ひとりの反省では盲点もあります。つい甘い考えになることもあるでしょう。第三者の目線は辛らつな面もありますが、それだけに的を射ていることが多いものです。特に経験豊富な人からの指摘には、素直に聞く耳を持つことが大切です。

また、成功体験の多い人は、過去のよい記憶やイメージが心の支えになります。そのため自信を持って行動できますが、それが「過信や執着になっていないか？」自らのチェック機能を働かせてください。

楽をして得することはできない

現代は、効率が優先される世の中です。思ったことをすぐに実現できないとストレスを感じる時代です。スマートフォンやパソコンといった便利な道具が、その象徴ではないでしょうか。ほしい情報は検索エンジンですぐに探せ、買い物やいろいろな手続きも、人とのコミュニケーションも思いのままです。

同じように成功へのプロセスでも、効率ばかり考えて近道をしたり、見た目だけ取り繕うような人もいるのではないでしょうか。結果さえ出せば、傍目に同じであれば、なるべく楽な方法でやっていこうという考え方です。

それは山登りにたとえると、山の麓《ふもと》から歩き出すのではなく、5合目あたりまで車で上がって、そこから歩き出すようなものでしょうか。これではたとえゴールしても、麓から登る場合と体験の価値がまるで違います。まさに身にならない体験であり、後に残るものに大きな差が出ます。

もちろん、効率やコストを考えて仕事をすることは重要です。コストパフォーマンスよく、人に喜んでもらえることができればベストです。しかし、効率にばかり気をとられていると、どこかにそのしわ寄せがきます。かけるべき手間を省いたり、作業が雑になったり、いい加減な検査をしたり、といったことも起きかねません。そして何より問題なのは、心が荒れることです。「これくらいでいいだろう」という粗雑な考えが、癖となってしまうのです。これまで何度もお話ししたように、明るい未来を開くには人格が大切です。

それには、人が嫌がってしないことを率先してやったり、苦労するのがわかっていることをあえてしてみればいいのです。たとえば、クレーム処理やお客さまに謝罪するような仕事、面倒で時間のかかる作業やトイレの掃除などです。効率を度外視して誠心誠意やるべき仕事や、コツコツと地道な作業がいいでしょう。

こうした縁の下の力持ち的なことを真面目に続けていると、自分にも他人にも「誠実でいよう」という思いが芽生えてきます。それは必ず人格を高め、魂を成長させるでしょう。ただし、人目につくようにやろうという心があると、成長になりません。人の見ていないところで、苦労すればいいのです。それが内側を磨くことになります。

「自分は本心でやっているのか」、常に自問自答してやってみてください。

人を幸せにしたいと願う潜在意識には、後押しの力が働く

これまで本書では何度も「自分だけではなく、他人を幸せにする欲望を実現してください」とお話ししてきました。それがあなたという人格を高めながら、成功へと導く条件だからです。

それをやり抜くには、音《ね》を上げない精神力や粘りも必要になります。七転び八起き

で、失敗しても再チャレンジする、バイタリティのある人が未来を開いていきます。そして強い意志の力と合わせて、「うまくいく」「しっかりやろう」という前向きな気持ちも忘れずに取り組んでください。

私たちの持っている*潜在意識には、はかり知れないパワーがあります。「人を幸せにしたい」という思いには、無意識のうちに潜在意識がパワーを与えてくれます。強力な正のエネルギーが後押しとなり、物事をうまく運んでくれるのです。

その逆で「うまくいかないかな」「だめだろうな」といったマイナスの思いでいると、潜在意識が行動にブレーキをかけてしまいます。負のエネルギーが邪魔をして、何をやってもうまくいかなくなります。

ですから「喜ぶ人のためにやりぬく、自分ならできる」という強く、前向きな意識を持って行動してください。

自然体で生きる人になる

この章では、成功や自分の願いをかなえるため、未来へ向けての備えや歩み方を紹介してきました。

「セルフィッシュな生き方でなく、自分の存在を他人のために役立てる」という高い理想。「人格を高めながら未来を開いていく」という上質な欲望。この2つを同時にかなえることで、無限の可能性を秘めた、成功への扉が開かれることを紹介しました。

そしてそれは、ヒマラヤの教えの実践で、さらに深いものになります。すべてをつくる創造の源とつながり、その源を信じてください。源からのパワーと守りをいただいて、実現力を得るのです。そして、エゴをはずすことができるのです。より確実に、スピーディに実現するようになるでしょう。

さらに、ここまで紹介した自分の願いをかなえる成功のための心がけや行いは、本来否定的な心が邪魔をしてなかなかできないのですが、それも、自然とできるようになります。真理から見る目で生きられるようになります。

人は常に心の欲望に振り回されています。こうした心に頼った生き方をしていると、巷《ちまた》にあふれるものの刺激に振り回され、自分を見失うのです。そして狭い考えにとらわれて、何をしているのかがわからなくなります。心を使い、同時にエネルギーも消耗するばかりで疲れてしまうのです。

心は常に変化して移り変わります。機嫌がよかったと思えば、何かのきっかけで突然落ち込んだりしてしまいます。暗い心は、否定的であったり、他の人を攻撃したり、物事を誤解したりして、アンバランスな行動をとります。こうした心では、なかなか成功することができません。

ヒマラヤの恩恵によって心が浄化されると、心の欲望による暴走が抑えられ、次々によいことが起きていきます。創造の源から、さらには魂からのパワーが生命エネルギーを充実させ、パワフルにクリエイティブに生きられます。すべてのことが「学び」と気づき、自然と「感謝」の気持ちが湧きます。するとストレスが一切なくなり、今ここにいることだけで満ち足りてくるのです。それは人間として調和のとれた姿、自然体です。そこから自然に成功したい人は、そうした力をそこに向けることができるのです。

どうか皆さんも、力みのない、ナチュラルな姿で自己実現を目指してください。成功への道すじを源の存在に照らしていただきながら、自信と感謝を持って目の前の道を進んでください。

第4章からは、ヒマラヤシッダー瞑想について具体的に紹介していきます。また、成功と自分の願いをかなえるための心身の活かし方を、ヒマラヤの智恵に学びます。

ヒマラヤ瞑想の言葉

インンナー・ジャーニー

108ページ

ヒマラヤの恩恵とマスターの導きのもと、心を浄化してその奥に入っていき、自らの内側を実際に体験していくこと。本当の自分を悟ることでもある。この体験をすると、自分は誰なのか？ 心とはなにか？ 体とはなにか？ その答えが見えてくる。死ねば体も心も消え、魂だけが残ることにも気づき、人生の主役が魂であることもわかるようになる。

よいカルマを生きる

112ページ

「正しい行いを心がけ、人の喜ぶことをする」。その結果として「よいカルマを積んでいく」。こうした生き方を目指すこと自体が、価値のある人生となる。これは人間形成のための、基礎体力づくりのようなもの。しっかりベースを築いた人には「人間力」が身につくので、まわりからの支援も厚くなり、心身のバランスがとれた成功体質になっていく。

潜在意識

118ページ

プラス思考の人には、それを援助するようなプラスの力が働く。これを「引き寄せの法則」という。マイナス思考でいると、心配ごとなどが具現化してしまうのはこのため。「人の役に立つことをする」「人を喜ばせる」といった心がけを実践していると、いつしかそれが潜在意識の中にも埋め込まれ、プラスの思いがプラスの力を集めることになる。瞑想をすることで、不安や恐れといったマイナス思考が消えることでも、プラスの潜在意識がさらに強くなる。

第4章

ヒマラヤの成功法則①

体と心を整えて人生の成功を目指す

ヒマラヤシッダーヨガによる心身のメンテナンス

小宇宙の自分と出会う

第4章と第5章ではヒマラヤの教えに基づいた、願いをかなえる成功のための体と心の整え方、生かし方を紹介します。

専門的な言葉や、スピリチュアルな事柄も出てきますが、できるだけわかりやすくお話しします。修行をする、しないにかかわらず、「よりよく生きて成功へ近づく」ための指針としていただきたいと思います。

ヒマラヤの大聖者たちは、究極のサマディによって、体と心や魂を含めた人間の存在のなかに、宇宙のすべてがあることに気づきました。そこには神も存在し、私たち一人ひとりの奥深くには、純粋なクオリティの神性さが宿ることも発見したのです。

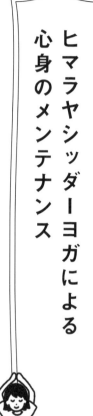

ヒマラヤ秘教の修行における究極は「本当の自分は誰なのか」その真理に出会い、それを実感して悟ることです。宇宙の源に何があるのかを悟るのです。**私たちの体は大自然である大宇宙と、同じものでできている小宇宙です。**神のミニチュアである本当の自分に出会い、神とひとつになることを理想としています。

ヒマラヤ秘教の教えは、本当の自分に実際になっていく、そして実際に真理になるための教えです。それはすべてを生かしている存在があり、そこから生まれそこに還るために生きているということを教えてくれます。多くの人が、この生を神につながりさらにそこに向かうことで、苦しみではなく安心と希望を持って生きる力を得ていただきたいと思います。

心身が健やかでなければ成功もおぼつかない

私たちは体と心を使って生きています。嬉しいことや悲しいこと、体と心でさまざまなものを感じ、そして混乱し戦っています。それらを浄化して、また許し、感謝して快適にしないと幸せにはなれません。どんなに立派な家を建てても、室内が汚くては住みづらいように、人もいくら外見を着飾っても、体の中や心がすさんでいては心地よいはずがありません。

そこで体と心のしくみを知り、浄化し、整え、正しく使うことを心がけます。それは完全な人間になるために、体と心を「最高に生かしきる」といってもいいでしょう。第3章でも触れましたが、自分が理想の人間に成長して成功し、本当の願いをかなえるためには、高い人格の形成が必要です。自分の奥深くの魂を信じます。そしてその絆を深めます。そのためには体をきれいに整え、心を浄化します。成功のためには、源からのパワーをいただくとともに、土台となる整えられた心と体が道具として必要なのです。

ヒマラヤの教えには、体を整え、心を整える教えがあります。心と体を道具として、神に出会い真理に出会うのです。ヒマラヤ秘教の真のヨガの修行には、「八支則」という8つの段階があることは前述しました（↓88ページ）。階段を昇るようにこれらを着実に修習しながら、真理を悟るという高みを目指すのです。

すでに紹介した「ヤマ」と「ニヤマ」がその入り口で、そこを経て次の段階にあるのが「アーサナ」です。体のバランスを整えることで、座って瞑想ができるようにするために関節をほぐします。さらに生理的に体の機能を整えます。

成功するためにも、整えられた体が必要です。仕事をしっかり行うことができるからです。

アーサナは、体を前に倒したり、伸ばしたりして、一定の形（ポーズ）にします。猫のポーズなど、動物の姿をまねたものも多くあります。柔らかな動物の動きからヒントを得てつくられたのだと思います。また、半月のポーズ、木のポーズといった、自然の姿をイマジネーションして名付けられたものもあります。じつにさまざまなポーズがあるのです。

体のゆがみを矯正する

私たちはそれぞれ、体の使い方に癖があります。そこには**心の癖**が影響しています。今生での生活習慣や職業はもとより、過去生からの体質や気質なども影響します。こうした心や体の癖が無意識に繰り返されるうちに、骨格や筋肉、内臓が影響を受け、だんだんと体がゆがんだ状態になっていきます。ゆがみによってエネルギーの流れが偏り、滞ると体内をめぐる気の流れが悪くなって不調が表れるのです。そして正しい姿勢ができなくなります。

また、私たちは体を守る本能で外部からの刺激に対して反射的に筋肉を縮めようとします。怒っているとき、不安があるとき、神経が張りつめているときなども、筋肉が収縮しやすくなります。ストレスや不安の多い暮らしをしていると、筋肉が緊張していることが多いのです。こうした要因が積み重なると、人によって肩こりや腰痛、足の痛みやむくみなどが症状化します。

このような不調を矯正するために、アーサナを行います。筋肉をほぐしつつ、気の流れをよくします。同時にそれは、全身に強さとしなやかさをもたらします。

姿勢が正しくなり、気の流れが安定します。私はサマディの智恵とさまざまな体と心の研究とその動きで、どんな状況の体もよくなるような指導をしています。これらで筋肉が正しい位置へ戻ると、骨格も正しい位置になっていきます。そしてエネルギーの滞りが改善され、血行がよくなるのです。

体のバランスが整えば、気持ちも健やかになれます。また、心を正すことが体に影響を与えます。それで偏りがなくなり、体調がよくなることもあります。あなたも体の気づき、また心の気づきで何が癖をもたらしているかがわかってきます。

ヨガは悟りを得るための実践的な修行

日本でヨガというと、アーサナやヨガの呼吸など、体の健康法という考えでとらえられています。しかし、それはヨガの中のほんの一部です。

もともとヨガとは「真理を悟るための修行」のことです。究極の悟りである「サマディ」へ達することを目指した、悟るための実践的な修行です。

その修行の段階に、先ほど紹介したアーサナや、呼吸法のプラーナヤマ（↓139ページ）などが含まれています。体を健やかに保つことや、神経を整えることも、悟りを得る段階では、必要な手段とされているのです。

ヨガとは「結ぶ」という意味で、宇宙のすべてが調和で結ばれている真理を表しています。ヒマラヤ秘教は、究極の悟りを得る修行をする真のヨガでもあります。キリストやブッダもその修行をして、悟りを得ていったのです。

悟りを得るための方法やアプローチのほか、聖者の性格の違いによって、さまざまなヨガの流派が生まれました。ヒマラヤシッダーヨガは、すべてのヨガの原点といえるものです。

ちなみに、ヒマラヤ秘教のヒマラヤシッダーヨガを原点とするものには、瞑想やアーユルヴェーダ、鍼灸、催眠術やカイロプラクティック、東洋哲学など、私たちにもなじみのあるものが多いのです。ですからすべての親ともいえるものです。

こんなことを知ると、少しはヒマラヤの教えに親近感が湧くのではないでしょうか。それは、決してハードルの高いものではありません。すべての宗教の源流にある、5000年の時を超えた、崇高な尊い教えなのです。

可能性と人間性を限りなく広げる５つのエネルギーを目覚めさせる

体は宇宙と同じ元素でできている

ここでヒマラヤの智恵が教える、私たちの体についてお話しします。

この宇宙が創造されたとき、何もないところからまず神の意志により「光」が生まれ、「音」が運ばれてきました。そしてそこに何もない「空」が生まれ、さらに揺らぎが生じて「風」のエネルギーが生まれ、さらに「火」のエネルギー、「水」のエネルギーが誕生し、水が引くと「土」のエネルギーが現れました。だんだんと比重の重いものが生まれ出てきたわけです。

ですから土の中には、ほかの４つのエネルギーも含まれています。そして人間の体も、この宇宙を構成する空、風、火、水、土という、５つの元素のエネルギーでできています。ヒマラヤの教えが「人体は小さな宇宙」と言っているのもそのためです。

5つのエネルギーが機能して生命活動が維持される

それぞれのエネルギーには、役割と特性があります。

「空」は内臓と内臓の間など、**体内のすき間**です。こうしたギャップがあることで、私たちは自在に体が動かせるのです。「空」には、重いものと軽いものがあります。こだわりが少ない人、何事にもとらわれない人、粘着質ではない人は、軽い「空」の要素が多い人です。

「風」は呼吸で取り入れた空気（酸素）を全身に運んで**気を回します**。風のエネルギーは呼吸によってプラーナ（気）のエネルギーを取り込み、全身に運びます。また、心の働きをつくる役割もあります。ストレスや怒り、不安などを覚えると、この風が人の内側で乱れて、アンバランスなエネルギーとなって荒れ狂います。すると体内のさまざまな調和も乱れがちです。風邪のときは、まさにこのエネルギーが乱れているのです。

*ヒマラヤシッダー瞑想をすると、高次元のエネルギーである*アヌグラハにより、エゴによって濁り混乱したエネルギーが浄められ純粋になっていきます。速やかに調

和がとれて是正され、静けさを体験できるのです。

「火」は私たちが食べたものを体内で燃やし、**消化や新陳代謝などの生命活動を維持する**役目をします。行動のエネルギー、変容のエネルギーです。物がメラメラと燃えると、形が変わって消えてしまいます。物が変容していくからです。違う次元のものになって、元には戻りません。火はアグニといい、カルマを燃やす力があります。タパスという苦行では、体の火をつくり出してカルマを燃やします。火にはそれほど強力なパワーがあるのです。

「水」は体液や血液などを指します。**全身をめぐって潤いとやわらかさを与え、慈愛の心を育む元**になります。その一方、何かがきっかけで激しい感情にかられると、心は「水」が波立ったようになります。「水」はそうしたさまざまな感情を司り、感情のわずかな動きを具現化します。感情表現が豊かな芸術家やアーティストは、「水」のエネルギーにいろいろな要素が混ざっているといえます。水のエネルギーを浄めることで、穏やかで平和な心が強くなります。

そして「土」は肉体である体を構成しています。「土」は**粘りの要素**でもあります。アスリートは、「土」の要素が非常に発達しています。

こうした5つのエネルギーが混在して、そこに重いエネルギー、活動的なエネルギー、純粋なエネルギーという3つの性質ができます。このそれぞれのバランスをとることがヨガの行なのです。ちなみに、どの性質が多く働くかがキャラクターの違いになります。そしてうまくバランスが保たれることで、体内のさまざまな機能が維持されています。宇宙や地球がある秩序を保ちながら活動しているように、ミニチュアの宇宙である私たちの体も、5つのエネルギーの微妙な均衡の上に成り立っているのです。この性質のバランスをとることが大切です。なかでも「空」の要素を多くしていくのが意識の進化であり、悟っていくことになります。

体内にはエネルギーの通り道や基地がある

宇宙はすべてエネルギーでできています。私たちの体も同じです。宇宙には八百万《やおよろず》の神があり、それだけさまざまな働きがあります。私たちも多くのエネルギーの働きによって生かされています。

体の中には7万2000ものエネルギーの道があり、それが生命活動を支えているのです。そのなかでも重要な108の道があり、さらに重要な13の道が内臓などと結ばれています。

また体内には、チャクラと呼ばれるエネルギーのセンターがあります。チャクラの中で重要なものは7つとされています。そのうちの5つが、先ほど紹介した体を構成する5つのエネルギーのチャクラ（センター）でもあります。

空のエネルギーのセンターは、**ヴィシュダ・チャクラ**です。喉の部分にあり、コミュニケーション能力と関係します。ここを浄めると、優れたコミュニケーション能力が発揮され、信頼も集まります。表現力も豊かになります。

風のエネルギーのセンターは、**アナハタ・チャクラ**といい、胸にあります。愛のセンターとも呼ばれ、思いやりや慈悲に関連します。ここを浄めると愛の人になり、浄めないとエゴが強くなります。

火のエネルギーのセンターは、**マニプラ・チャクラ**といい、おへそのあたりにあります。やる気のエネルギーで、力強く、行動力、意志力が旺盛です。ここを浄めると自信が湧き、前向きな気持ちになります。

水のエネルギーのセンターは、**スワディシュターナー・チャクラ**です。へそと会陰《えいん》部の間の下腹部にあり、物質的な喜びや創造性、感情に関連します。ここを浄めると感性が豊かになるほか、感情が安定して平和な心になります。

土のエネルギーのセンターは、**ムーラダーラ・チャクラ**です。肛門と性器の間の会陰部にあります。エネルギーの中にカルマが詰まり、重く、愚鈍なチャクラです。ここを浄めると慈愛が高まります。想像力がつきます。土、火、風、空と重い要素から浄め、それを超えていくことで、意識が進化するのです。

眠っているエネルギーのセンターを開く

先ほど紹介したヒマラヤ秘教の教えを実践するには、まず、ヒマラヤ聖者のシッダーマスターからディクシャという守りとガイドをいただく必要があります。悟りへの道は、門外不出の秘法をいただいて、最速で修行をする道です。究極のサマディを成就したシッダーマスターによって、その祝福をいただきながら修行ができるのです。

マスターの存在と祝福で、エネルギーのセンターが浄められます。そうした祝福や行でチャクラを開き、さらに浄めます。ディクシャをいただいて、秘法をいただき、修行によって続けることができます。ムーラダーラ・チャクラ、その上のスワディシュターナー・チャクラ、さらにその上にあるマニプラ・チャクラなどを、細心の注意を払って開いて浄化していきます。

ちなみに、下半身に大切な臓器があるのは、この部位の持つエネルギーの強さを表しています。そして、どこのチャクラにもたくさんのカルマがあります。それらのチャクラは貪欲で、濁りとなって運命を翻弄し苦しめています。しかし、カルマを浄めていくことで、理想的なキャラクターになっていきます。

私たちが内蔵するエネルギーの中でも、「愛のエネルギー」「智恵のエネルギー」「生命力のエネルギー」は特に尊いものです。しかし、この3つのエネルギーを十分に使いきっている人はあまりいません。ほぼ休眠状態になっている人が多く、せっかくの至高のエネルギーが活かされていないのです。この3つのエネルギーのチャクラを開けば、あなたの可能性と人間性は限りなく広がり、成功への道筋がよりはっきりと見えてきます。

前述のように「愛のエネルギー」のセンターは、アナハタ・チャクラです。このセンターを開くと、豊かで純粋な心になり、愛の人になっていきます。そして人を許さない心、比較する心が溶けてなくなります。

「智恵のエネルギー」のセンターはアジナ・チャクラといい、額の部分にあります。このセンターを開くと、利己的な考えではなく、神の智恵、真理の考えが湧くようになります。そして執着がなくなり、外への依存もなくなります。

「生命力のエネルギー」のセンターは、先ほど紹介したマニプラ・チャクラです。火のエネルギーのセンターで、へそのところにあります。ここを浄化すると行動力や持続力が盛んになり、やる気が充実してきます。ちなみに、胎児のときに母胎とつながっていたへそは、生命力のエネルギーと深い関係があります。

ヒマラヤシッダー瞑想の秘法のマントラによって源の存在につながり、エネルギーのセンターが目覚めていきます。またアヌグラハという神の恩寵、クリヤというプラーナの秘法、その他、気づきを持つための各種のヒマラヤ秘教の修行により、浄化が進むと、愛と智恵にあふれ、バランスのとれた人格が形成されていきます。そして思考も整理されて理解が深まり、アクティブに覚醒してそつのない行動をとれるようになります。

もっとも大切なものは、シッダーマスターとのつながりで源から送られてくる高次元のエネルギーであり、神の祝福、アヌグラハです。それはチャクラを浄めるパワーがあります。その聖なる力でさまざまなエネルギーが活性化され、今まで眠っていた能力が一気に花を開きます。調和のとれた人格形成と潜在能力の開発という、成功と自分の願いをかなえるためには欠かせないものを得ることができるのです。

内側のカルマを焼いてクリーンにする呼吸法

ヒマラヤ秘教のアヌグラハ・クリヤという、呼吸の秘法についても少しお話しします。

アヌグラハ・クリヤという呼吸法は、究極のサマディで発見され、深いカルマを速やかに浄化する力を持ちます。エネルギーは正しく扱わないと危険です。シッダーマスターの指導のもと、段階を追った秘法でエネルギーの火を起こして、エネルギーを強めカルマを焼いて浄化すると、自然な形で生命力や持続力が高まり、さまざまな能力が開花する要因になります。

クリヤ秘法は、プラーナ（気）を体の中へ回すことで内側をきれいにし、整理整頓する効果があります。そしてその激しい風の中に巻きこんで溶かし、すべてをきれいにして、ワンネス（ひとつ）にします。私の道場ではヒマラヤシッダー瞑想とともに、こうした呼吸秘法も伝授しています。プラーナの働きで、生命エネルギーが働き、体を軽くしたり、全身に気を回したり、消化を助けたり、あるいは活性化したり、悪いものを排出したりして、生命を維持しています。

ヒマラヤ聖者は呼吸をよく知っています。吸い方、吐き方、また呼吸を超えること、呼吸が止まることなどの呼吸のスタイルで呼吸のバランスをとることができます。赤ちゃんは、この世界に生まれてから呼吸を習いました。そのときの呼吸が乱れると、一生体調が悪いこともあるような気がします。

私は、プラーナの働きで、人の命を救ったことがあります。もう20年くらい前のことですが、ある会員さんのお母さまが入院されていて、もう呼吸ができず、喉を切開してパイプを入れ、そこから酸素を入れなければすぐに死んでしまうというのです。ただし、そうすると、もう食べることも話すことも一生できません。そして今のままでは、命は1週間しか持たないということだったのです。

決断を迫られた娘さんは、私に相談に来られました。何はともあれ病院に出かけ、お母さまは人工呼吸器をつけていましたが、かすかに吐く息だけをしていたと思います。お母さまに話しかけ、アヌグラハを注いだのです。直感で施しをして、見事によみがえりました。その後、歩いたり、話をしたり、呼吸をすることもできるようになり、退院して7年くらい元気に過ごされていました。90歳くらいでお亡くなりになったということです。

ヒマラヤ聖者は、プラーナを操ることができ、そのタッチとエネルギーはあなたの運命を変えるのです。呼吸が変わり、細胞が変わり、意識が変わるのです。

瞑想が引き出すエネルギーを、成功へのお守りにする

ヒマラヤシッダー瞑想とマインドフルネスの違い

ここからは体や心を研ぎ澄ましていく、ヒマラヤシッダー瞑想や修行についてお話しします。

最近ではマインドフルネスと呼ばれる瞑想法が知られるようになってきました。それは、呼吸に意識を向けたりしてリラックスする瞑想です。仏教の瞑想法がアメリカで広がり、アメリカの医師がうつの患者さんに取り入れ広めたところから、次第にその名前が浸透していきました。今や海外では大企業や教育機関などが実践し、集中力の高まり、ストレス解消、直観力の冴えなどに一定の効果があることも実証されています。

ヒマラヤシッダー瞑想は仏教の源流にあたり、悟りの教えの先輩ですから、そうし

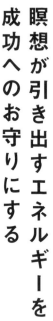

た方法はもちろんあります。さらに究極の悟りのマスターの祝福のエネルギーが加わることで、マインドフルネスより積極的な瞑想秘法があるところが大きな違いです。それは一過性のものではなく、*マスターを介して高次元のエネルギーと一体になることで、細胞の質から変容していきます。単なる表面的な変化にとどまりません。なぜなら悟りへとつながる実践だからです。

ヒマラヤシッダー瞑想には、そうした気づきの瞑想と浄めの*マントラ、あるいはアヌグラハ・クリヤの秘法、また神聖なパワーの*クリパというエネルギー伝授があります。また、イメージやビジョンを使う瞑想もあります。

コツコツと続けていくことで、心を超え、体を超えての究極のサマディという悟りに導かれていくメソッドです。最速で変容が起き、軽やかに生まれ変わるのです。この瞑想では、マスターに出会ったときから、祝福をいただいて生まれ変わることができます。マスターの無限からの愛が大切です。その愛はすべてを溶かすのです。

瞑想のあとは大きな安心感に包まれる

ヒマラヤシッダー瞑想には、いろいろな秘法があります。それは聖なる音の波動であるマントラや、ナーダー音といわれる内なる音、光の秘法といって、呼吸のプラーナを用いると、光の発生につながるものです。またイメージを用いたり、サマディマスターの*シャクティパットや信仰と愛と知恵で変容していきます。そして、究極の意識状態に導いていくのです。

シッダーマスターからパワーをいただきながらの瞑想では、すべてのバランスがとれて粗雑なエネルギーが消え、それを超えていきます。瞑想の後は、穏やかな気持ちになり、かつてないような安らぎに満たされるのです。

目の前で起こることを冷静に見守ることができ、あせったり、心配したり、取り越し苦労をすることもありません。「自分は守られている、大丈夫」といった大きな安心感に包まれるからです。それはやさしく、温かく、しかもしっかりと手ごたえのある感覚です。「平和な心」と「たしかな自信」が、自分の中心に根付いたようなものです。**マイナスの心が働かないので、悪いことも起きません**。悪い現象は不安や悩み、恐怖などが同質なものを引き寄せることで起こるからです。

成功への命綱になる、ヒマラヤシッダー瞑想の効果

瞑想によって高次元のエネルギーが質の低いエネルギーを溶かすので、体調も整い、病気にもかかりにくくなります。生命エネルギーが満ちるため、生理機能がよくなり、筋肉の緊張もほどけて疲れにくい体質になります。

体へのメリットだけではありません。聖なるエネルギーが、眠っていた潜在能力のスイッチをONにします。思考力、表現力、話す力、書く力など、今まで気づかなかった才能が開花します。

先入観もなくなるので、心のバリアやブレーキもはずれます。消極的な気持ち、あきらめが消え、「自分はできる」という確信のようなものが生まれます。

そして精神を統一する力も高まります。何かを行うときは、目標となることに向けて意識が集まり、まさに「やりきる」といった、ある種の没入の状態が自然とつくれるようになります。

精神統一して「対象と一体になる」、ヒマラヤ秘教ではこれを「三昧（サマディ）」といいます。この状態に入ると、自分でやっている、というよりも見えない何

かに動かされている、そんな不思議な感覚に包まれます。次々にアイデアが浮かんだり、さまざまなことに気づいたりしていきます。集中力も高まり、何事も楽しく、無心で、しかも高いレベルで行えるようになります。

ここまで、瞑想のメリットや効力をさまざまに紹介しました。自分の願いをかなえることや成功に向けて事を進めるうえで、ヒマラヤシッダー瞑想がお守りや命綱のような役割をしてくれるのです。昨今流行っている「引き寄せ術」は魂を浄化せず、心の思いを強めて何かのエゴの願いをかなえようとするものです。これでは精神のバランスを崩しやすいと思います。

ヒマラヤ秘教のディクシャは、秘法を伝授する場

瞑想は神に出会っていく、真理に出会っていく修行であり、無知から光へと導いてくれる尊い秘法をいただくのです。病気にならない人になるためです。光の存在になるためです。愛ある存在になるためです。

今までのいろいろな苦しみやストレスを抱える生き方から、まったく新しい生き方をするための瞑想です。尊い秘法によって、過去のいろいろな悪いものを消していく

ため、よいことをし続けるために力をいただくのです。

ヒマラヤシッダー瞑想を始める前に、伝統の尊い方法で師となるマスターから瞑想秘法が伝授されます。その儀式をディクシャといいます。このディクシャによってマスターとつながり、内側のカルマを浄めたところで、直接マスターからマントラという聖なる音の波動をいただきます。

本来は、シッダーマスター・サマディマスターに出会うことはできませんし、その秘法を受けることもできません。それはインドにおいてもそうなのです。非常に貴重で、奇跡のようなことなのです。あなたがその聖者からクオリティをいただいて、あなたの本当の自分を目覚めさせ、つながることができるのです。

源とあなたを取り持つもの

本書で何度も「源（の存在）とつながる」という表現をしてきました。それはシッダーマスターの究極のサマディパワーを通して、聖なる存在とあなたが、永遠の絆で結ばれることを意味します。その聖なるエネルギーをいただいて、内側を目覚めさせ、本当の自分を目覚めさせるわけです。高次元のエネルギーにつながり信頼することで、人生が一変して生まれ変わることができる、これがヒマラヤシッダー瞑想の特徴です。ヒマラヤの瞑想は、はかり知れない恩恵です。

すべての創造物の源、すなわち神は無限であり、そこからのエネルギーは強力です。人間が直接アクセスすることはできません。次元が違い過ぎるからです。そのため、シッダーマスターという仲介役が必要です。シッダーマスターは神と同等のエネルギーを備えた存在で、源の存在とあなたを結ぶ橋渡し役をすることができるのです。

ディクシャは入門の「シッダーディクシャ」から始まり、修行の段階を追って、さまざまなディクシャで秘法が伝授されていきます。

基本のシッダーディクシャでは、マントラと呼ばれる音の波動の瞑想秘法が授けられます。それはカルマを浄め災いを取り除き、まわりの粗い波動から守ってくれるのです。

マントラを用いた瞑想法としても活用します。さらに、次の段階のシッダーディクシャでシャクティパットがいただけます。この儀式で、さらに本格的な浄めとなります。過去生からの浄化とチャクラを目覚めさせていただき、さらに浄化をいただきます。そして、内側深くに達していくマントラの伝授をいただくのです。

宇宙の最初に生まれた「聖なる音」マントラ

マントラとは聖なる音です。宇宙の最初に生じた揺らぎから光が発生し、さらに音が現れました。音の波動はさらに言葉となり、神の意志が伝えられました。

ヒマラヤ聖者は、こうした根源の音のエネルギーから聖なる音を発見しました。そしてその波動が自分を浄め、自分の源にガイドすることを発見したのです。その働きが尊い根源の働き、つまり神の源であることも発見したのです。それは純粋な聖なる波動です。

太古のヒマラヤ聖者が、この聖なる音をマントラとしました。日本ではマントラを真言《しんごん》といいます。仏教では、ブッダの真理の言葉をマントラとしたり、インドの神さまの名前が仏教の神となり、マントラと呼ばれているようです。

マントラの持つ波動は、それを授けたシッダーマスターのエネルギーにつながり、さらに源の存在へとつながっていきます。これがマントラの強力なパワーの源泉です。

それがアヌグラハという神の恩寵《おんちょう》となり、常に信頼を元に降り注がれていくのが特徴です。

各瞑想法にアヌグラハが降り注がれるので、単なるテクニックではなく、そこには根源の悟りのエネルギーを通して神の恵みがあります。ディクシャのマントラで、まず過去生からのカルマを浄化していきます。心に否定的な思いや、記憶が蓄積されているカルマが、ヒマラヤシッダー瞑想を行うことで、次第に浄化されて純粋なエネルギーに変わります。不純から純粋へ変容することで、カルマが浄められます。

いろいろな種類があるマントラ

マントラには、さまざまな種類があります。ビジネスの成功をかなえたい人には、クリエイティブな力が湧くマントラ、経済的に豊かになるマントラがあります。これは成功を求めるすべての人に持ってもらいたいマントラです。富のマントラ、お金が集まるマントラもあります。

そのほかに病気を治す癒やしのマントラ、健康になるマントラ、災いを除くマントラ、能力をアップするマントラなどがあります。運命を改善するマントラ、また、その人の状況によって、マスターがその方を見て段階に応じて、最適なマントラを授けます。

マントラは、しかるべき手続きを踏んで許可を得た人なら誰にでも実践できます。マスターの守りをいただいて安全にできるのです。その後、マントラを用いて瞑想をします。それらの扱い方をディクシャの伝授のときに教えていただき、大切にそのエネルギーを育んでいき、悟りに向かっていくのです。

これが*マントラ瞑想、サマディ瞑想などといわれるもので、いろいろあるヒマラヤシッダー瞑想のひとつです。ヒマラヤ秘教の修行の基本でもあります。

宇宙の法則にのっとって生きる

ヒマラヤシッダー瞑想のなかで強力に効果的な秘法は、アヌグラハ・クリヤ瞑想秘法です。それによって内側を積極的に整え、カルマを焼いて、変容し生まれ変わります。そして継続して秘法の実践を行います。また悟りたい方、早く進化したい方は、ディクシャを通して、個別のアヌグラハ・クリヤ秘法が伝授されます。

それらを続けて心身を浄めていくと、祈りの力、浄めの力、強い意志の力、根源の力が内側で次第に大きくなります。その結果、体と心の持つエネルギーを100%生かしきる生き方が可能になります。それは満ち足りた、エネルギッシュな状態です。こうした次元の違うパワーを得るから、成功したい人の願いもかなえられるのです。

また、ヒマラヤシッダー瞑想をすると心身にこびりついていた余計なものが落ち、煤《すす》が払われたようにきれいになります。生まれたての体と心になります。そうして純粋な存在になると、宇宙の法則にのっとってバランスをとることができます。**無理せず、過不足なく、物事や思いがうまく進むのです。**

心（マインド）でうまくやろうとすると、やり過ぎたり、足りなかったり、演技になってギクシャクしたりします。あせって失敗したり、警戒し過ぎて効果が上がらないようなことにもなります。欲望や執着が先に立つと、悪い波動が表に出ます。すると人や仕事、チャンスも逃げていきます。

ところがヒマラヤの恩恵につながると、自然に調和がはかられます。それはすべてを知る神の智恵におまかせするからです。そこに身をゆだねれば、自然とまわりから愛される存在になり、人間関係もよくなります。仕事では助けてもらったり、男女間の良縁も授かります。もちろん、その土台は、やるべきことをやって実力を養い、体を丈夫に、心も健やかに保つことです。ヒマラヤの力をいただきつつ、正しい行いを続けていけば、自然と願いや思いを成し遂げる環境が整っていきます。

ヒマラヤシッダー瞑想の基本

8段階のヨガの修行のステップ

ヒマラヤシッダーの教えは真のヨガです。瞑想を始める前には厳しい掟《おきて》があります。そうした手順を踏まえてヒマラヤ聖者の守りをいただき、修行者は安全に、段階を追って修行をしていきます。そのために、日常生活で気をつけていくこと、修行の内容を簡単に紹介します。それはあなたを正しく魅力ある人にしていく、成長のための温かいガイドです。どのような修行をして悟りを目指すのか、ほんのさわりだけですが紹介します。

第2章のヤマ、ニヤマ（↓88ページ）でも紹介しましたが、ヒマラヤ秘教の真のヨガの修行には「八支則」と呼ばれる8つのステップがあります。それは段階を踏んで修行を深めることで、自己実現をかなえ、悟りを得るための指針となっています。

1ヤマ、**2ニヤマ**は、ヨガの修行の入り口となります。その後、順を追って以下のように修行のステップが上がっていきます。

3アーサナ（坐法）

前述しましたが、体をある一定の形（ポーズ）に保つ坐法です。日本でヨガというと、このアーサナをイメージする人が多いようです。たしかにアーサナを行うと体のバランスが整うため、血行が促進され、筋肉や内臓機能へもよい影響を及ぼします。体を快適にすることで、心や人格を健やかにすることも目的のひとつです。

4プラーナヤマ（呼吸法）

呼吸法のひとつです。呼吸でプラーナ（気、生命エネルギー）を取り入れてコントロールし、体と心を浄化します。

ヒマラヤ聖者はプラーナが何かを知り尽くし、それを自在に操ることができます。これを*アヌグラハ・クリヤ瞑想秘法といいます。いろいろな呼吸法とは別のものであり、ディクシャという儀式を通していただくものです。体を深いところから浄め、生まれ変わらせることができます。段階を追って伝授されます。

5 プラティヤハーラ（制感）

感覚や感覚器官をコントロールします。感覚をインドリアといいます。「見ざる言わざる聞かざる」という、日光・東照宮の猿の彫刻は皆さん知っていると思います。それは感覚をコントロールすることの大切さを示しています。

私たちは目や口、耳といった五感を通していろいろな情報を心に伝え、それによって心がよいほうにも悪いほうにも働きます。ですから感覚を過剰に働かせないようにしたり、ものごとを正しくとらえることが、平和な心でいるために必要となります。

感覚そのものは、ヒマラヤ秘教の秘法で浄めていくことができます。意識のレベルで、何ものにもとらわれないようにしていくのが目的です。さらに、あふれる情報に五感を振り回されないよう、目や耳を使わずに休ませることも大切になります。

逆に超感覚を磨くということがあります。正しく扱わないと敏感になり、人生を狂わせることもありますので、正しく開発していかなければならないのです。

6 ダラーナ（集中）

究極のサマディ、つまり悟りへの道は、不動の心にする修行です。そして源である、本当の自分に出会っていきます。こうした精神の統一は、とても大切な修行です。何かに集中して心を動かさないようにします。あるいは対象のことを知り尽くすために、それに集中してあらゆる角度から理解します。ひとつのターゲットに気を集めて、精神統一します。その方法はいろいろありますが、マスターについて学ぶといいでしょう。心があちらこちらに動き回らないよう、ひとつのところに向かっていくようにする練習です。

智恵の言葉に精神を統一することや、自然の対象を用いることもあります。月をじっと眺めたり、聖なる波動に意識を向けたり、またマントラを唱えたりして集中します。マントラはいいエネルギーを体内に製造して、悪いカルマを焼いてくれます。ただし、行為は消耗でもあるので、気づきをもって、充電しながらバランスをとっていきます。

またインドの方は、神とマスター愛し、尊い存在を思います。それが精神統一になります。そこからパワーをいただくのです。

7 ディヤーン（瞑想）

人間の心には過去からのいろいろな記憶があり、それらが運命を決め人生を翻弄して、本当の自分に向かわせません。その欲望が終わらないと、静かな心にならないのです。

そこで無心となり、心を空っぽにすると、安らぎがもたらされます。心の執着がなくなると、エネルギーを消耗しないで生きていくことができます。またターゲットとなったものと一体になっていくのです。それをよく理解し、満足して超えるのです。

この何かと一体になっていくときの流れを瞑想といいます。心の中にたまったものがすべて落ちて何もない状態、空っぽになっていくことです。

内側が浄まり、よけいなものが落ちて、本当の自分に意識を向けられるようになります。そして自由な心になり、多くの人を幸せにできる人になります。

8 サマディ（三昧）

ヨガの修行の最終段階です。

サマディには、対象と一体になるサマディがあります。段階を追ったステージがありそれぞれと一体になるサマディを経て、ア・サンプラガティサマディという究極のサマディに達します。それはすべてを切り離して自分になる、神と一体になった「梵《ぼん》我一如《がいちによ》」になります。これを体験することで、源からのすべてのパワーをどんなことにも注ぐことができるのです。

智恵が現れ、愛が現れ、生命力が湧き出で、それらが働いてあなたが望むものはすべて成就するのです。

このような段階を経て、修行者たちは高みを目指します。あなたは、今すべてを持ったまま、ディクシャをいただき瞑想を始めることで、これらのことすべてを行っていくことができます。それが、私が指導しているサイエンス・オブ・エンライトメントという会の教えと実践なのです。

この道にはシッダーマスターが欠かせません。究極のサマディを成したシッダーマスターの指導を仰ぐことで、初めて正統な修行を積むことができるのです。

瞑想で自分への意識が変わっていく

本格的な修行をするには、それなりの決意と時間が必要です。仕事をしながら、日常生活を送りながらでも、休日を利用して深い瞑想ができます。最近は祝日が多いようですし、土曜日も休めることもあるようです。あるいは1週間のリトリートという、長期の瞑想修行もできます。週末、あるいは2泊3日や1週間、ある期間集中して修行者になることを仮出家といっていますが、そのような形で本当の自分について知り、心と体をコントロールできる人になっていただきたいのです。そのうえで目標や夢の成就、自分の願いをかなえることに励んでいただければと思います。さらには真理への道を歩んでください。

そうした形であれば、在家での修行でも十分に可能です。いろいろ工夫して暮らしの一部に修行をとり入れてください。ヒマラヤシッダー瞑想を生活に取り入れるだけで、何かしら変化を感じると思います。

あなたは、目も耳も外を向いています。自分の外側にばかり意識を向けていますが、内なる旅をして、そこで静かに「心とは何か」「体とは何か」を知っていくことをおすすめします。ヒマラヤの恩恵のもと、瞑想をして自分の内側を見つめる旅へ出る、インナー・ジャーニーをしてみるといいのです。

自分はどこから来て、どこへ還っていくのか。

何のために地上へ生まれてきたのか。

自分の根源に関わる問いが、あなたの前に現れます。その答えを得たときが、本当の自分に出会う瞬間なのです。一人ひとりが、こうして瞑想や修行をしていけば、今より格段に成熟した社会になるはずです。

ひとつのことをやり遂げる癖をつける

瞑想を続けながら、体を使った成功へのよい習慣もつけていきます。

目標へ向かって目の前のことを、あまり根をつめずにやることです。楽しみながらやると体にもいいのです。コツコツと継続することがとても大切です。「何かをやり遂げる」という癖をつけると、意志の力が強くなります。この意志の力を**サンカルパ**といいます。当たり前のようですが、こうした粘り強さが成功の秘訣です。

心があちらこちらに引っ張られていては、意志も揺らぎがちです。エネルギーがバラバラな状態では集中もできません。

昔から修行のひとつとして、滝に打たれて身を浄めるものがあります。また、願いをかなえるため、神社へお百度参りする風習もありました。こうしたことも、ひとつのことを続けることでサンカルパが強くなります。不動の心、不退転の決意といったものが養われます。

毎朝のジョギングや運動を習慣にする人も多いようです。健康や美容のために続けるのはいいことです。しかし、「ねばならない」という義務感や惰性、意地になってやっていると、意志の力ではなく、心（マインド）が強くなります。どんどん頑固になるばかりです。無欲無心でスピリチュアルな集中、精神統一をしてください。

その点、瞑想は理想的な集中ができます。自分を今につなぎとめ、無心で精神統一ができます。さらに、持続力がつきエネルギーの充電ができます。集中力が高まり、継続する力、パワーがみなぎるのです。

こうして「**なりたい自分になる**」ための必要条件が自然と育まれます。私が皆さんに瞑想をおすすめする理由はここにもあります。

信じる力は引き出す力

ここまでヒマラヤ瞑想について、いろいろな面からお話をしました。その瞑想で自分を高めていくときに、まず大切になるのは「信じる」ということです。「**信じる力は引き出す力**」だからです。これは、ヒマラヤの教えで源の存在とつながる場合も同じです。

源の存在を信じて、マスターを信じて、さらに自分を信じます。そして初めて、源からのエネルギーやパワーを引き出し、いただくことになるのです。半信半疑で瞑想や修行をしても、何も引き出せません。それは人間関係と同じです。相手を信頼すれば、相手からいいものが引き出せます。ところがこちらが相手を信用していないと、同じような不安や疑いのエネルギーが返ってくるでしょう。

インドの人は神を信じて祈り、神にすべてをおまかせします。神にサレンダー（信頼）したら、後は自然にまかせて毎日を生きていけば、神のご加護をいただけると信じています。よいことがあっても、悪いことが起きても「神のなさることだから」と素直に受け入れます。

普段私たちは心に従って行動します。しかし、心を使うと、どうしてもエゴが投影されるので、思いどおりに人や物事を動かそうとします。ですから目の前で起きることに一喜一憂し、振り回されて疲れてしまうのです。尊い存在を信じたら、後はすべてをゆだねればいいのです。

祈りは心をよい方向へ導く

あなたは普段、祈るという行為をしているでしょうか。神仏に祈る、ご先祖さまにお祈りをするなど、よく耳にする言葉ではあります。しかし、真剣に何かを祈る機会というのは、意外に少ないかもしれません。私のところでは、祈りの実践をします。悟りのマスターからの真理の言葉を祈ります。

祈りの言葉には力があります。**祈ることで言葉のとおりになっていきます**。自分の思いをかなえる成功を願うときも、祈りを捧げることは無駄にはなりません。

それだけで願いや夢がかなうわけがないと思う人もいるでしょう。ところが、純粋な魂で真剣に祈り続ければ、いつかその思いが届くものです。

「今日は一日怒りませんように」

「今日はいい心で過ごせますように」
「苦手な相手を愛することができますように」
「入念に準備した仕事がうまく行きますように」
こんな祈りを捧げていくと、次第にそれが習慣となりよい行い、正しい心へとつながっていくのです。

瞑想は心を空っぽにしますが、祈りは心をよい方向へ導く力があります。ただし、浄めない状態であまり我欲にまかせた祈りはいけません。セルフィッシュな祈りが実現すると、悪いカルマを積むことになるからです。

古代からインドに伝わるヤギャという儀式は、特別な波動をもつマスターが、聖なる火の儀式で祈りを捧げます。日本の護摩焚き《ごまだ》の原型にあたるもので、崇高な波動でさまざまな祈りをかなえます。

ヒマラヤ秘教では、ヒマラヤ大聖者によるサマディヤギャを行います。古代には王侯・貴族が寄進をして、国家の繁栄や個人的な成功などを祈願しました。その儀式は今も引き継がれ、私はインドやネパールで大規模なサマディヤギャを定期的に行っています。そこでは個人の願望成就のほか、世界平和や地球環境の浄化など、さまざまな願いが祈願されて祈りが捧げられます。

シッダーマスターが行う祈りを、プジャといいます。それによって、あなたの願いが成就します。本人が直接祈ると欲が強くなるので、シッダーマスターのマントラとサンカルパの祈願で純粋なあなたの願いが届けられていくのです。究極には、最高の悟りのための祈りと瞑想の行になっていくのがよいのです。

瞑想で生まれ変わり、成功と悟りを目指す

ヒマラヤシッダー瞑想で、いろいろな修行法を実践していくと、聖なるエネルギーによって体と心、魂がどんどん浄まり、クリアになっていくのです。それはよい波動をつくり出し、まわりの人を幸せにします。日々の生活も、仕事も、未来への準備も、すべてがうまく回っていきます。

この瞑想の特徴は、シッダーマスターの祝福が入るということです。シッダーマスターが真の悟りの存在であり、変容させる力があり、その存在のタッチやまなざし、またともにいることで、信頼して素直になることで、愛と智恵とパワーをいただいて、最速で何もしないでも瞑想が起きるようになるのです。

変容が起きるには、実際の悟りの存在、そして実践法と橋となるマスターが必要です。ただの思い込みでは変化が起きません。心が楽しむとか幸せなこともありますが、真理の悟りは心を超えた意識であり、心の幸せではなく本質的な幸せなのです。

ヒマラヤ秘教は神を信じるとともに、内側の修行で根本から変えられるのです。自分が神の分身であることに気づいて、やがて神とひとつになっていける、つまり自らが悟りをも目指すのです。もちろん神にまかせて信頼し、天命を待つのです。これは奇跡のような体験です。

私、ヨグマタがお手伝いをしますので、あなたもぜひ瞑想を実践してください。ヒマラヤ聖者のブレッシング（祝福）であなたを目覚めさせ、まわりとの調和をはかっていきます。自然とあなたの中から愛が湧き、知恵が湧き、宇宙の法則にのっとった生き方ができるようになります。

「人間的な完成を目指し、最高の人間になる」というのがヒマラヤの教えです。そしてそれは、本書のテーマでもある「真の成功を得るための条件」とも重なります。

「戦い合う」「奪い合う」とは対極にある、「与え合う」生き方になるように意識していきます。互いに与え合い、体と心を正しく扱い、よいカルマを積みながら生きていきましょう。それが成功への基礎体力を養い、輝かしい未来への通行証となります。なりたい自分になるためのチケットです。

利己的な成功から社会に役立つ成功を目指します。そして成功をしたら固執せず、手放して譲ることです。それを次の世代に引き継いでもらいましょう。この成功のよい循環が続けば、世界はもっと平和になります。人々もよくなります。

そんな幸せな未来の礎をつくる。それも今を生きる私たちの使命です。

ヒマラヤ瞑想の言葉

ヒマラヤシッダー瞑想
132ページ

ヒマラヤ大聖者（シッダーマスター）から授けられる瞑想秘法。古来インドでは、王侯・貴族や聖職者など、社会的指導者だけが知ることのできる秘密の教えだった。

アヌグラハ
132ページ

源の存在からの高次元のエネルギー。シッダーマスターを通じて送られる「神の恩寵」を指す。

マスター
143ページ

精神的な指導者のこと。グル（師）ともいう。源の存在と修行者を結ぶ橋渡し役をする。シッダーマスターとは、サマディで悟りを開いたヒマラヤ大聖者をさす。

マントラ
143ページ

聖なる音の波動のこと。ディクシャを通してマスターから伝授される。

クリパ
143ページ

源の存在のパワー・アヌグラハをいただく。高次元のエネルギー伝授。

シャクティパット
144ページ

高次元のエネルギーを伝授する行為。心身や魂といった、深いレベルでのエネルギー伝授を指す。体に直接触れて行われる場合や、間接的に伝授されるものもある。

マントラ瞑想、サマディ瞑想
151ページ

シッダーマスターから聖なる音の波動のマントラをいただき、それを育む瞑想法。

アヌグラハ・クリヤ瞑想秘法
154ページ

エネルギーの特殊な動きで光を生み出し、カルマを浄める秘法。

第5章

ヒマラヤの成功法則②

心をコントロールして願いをかなえる

魂の声に耳を傾け、信念を貫く

自分を信じて進めば、信念が後押ししてくれる

第4章ではヒマラヤの教えが説く、心と体のしくみや整え方を紹介しました。明るい未来の礎《いしずえ》となる心と体を、健やかに保つためです。

この章では、やはり自分の願いをかなえるためには欠かせない「**心の扱い方**」をヒマラヤの智恵に学びます。それは心を浄化し、魂からの力を引き出して行動する人になる智恵です。成功のために心を上手に活かす術です。

私たちは親や社会から教育を受け、さまざまな体験をするなかで、その人なりの価値観を根付かせて生きています。そこには世間体や世の中の常識といった、社会の価値観も色濃く反映されているでしょう。

私が20代の頃の日本はまだまだ旧弊な時代で、女性は早くお嫁にいかなくてはならない、という社会観念が根強く残っていました。女性の社会進出などまだ少ない時代で、女性が仕事をして男性と同じように生きるには、さまざまな障壁や困難がありました。

私はそんな風潮のなかで、起業をしてヨガ教室を広め、勉強のために海外へ出かけたりしました。当時の大人のなかには、こうした活動を苦々しい思いで見ていた人もいたでしょう。しかし、私は自分の体を丈夫にしてくれたヨガの素晴らしさを、多くの人に届けたいという一心で動いていました。そして、指導を通してさらに自分を成長させたいと、ついには究極のサマディに達し、今人々を本当の幸せに導いています。

当時は、今のようにヨガや瞑想はポピュラーではありません。誰もその深い内容を知らないので、教えてくれる人もいません。独学で学んでいかなくてはなりませんでした。振り返れば長い道のりでしたが、ヨガに導かれて今はヒマラヤの教えを広める立場になっています。

これも他人からどう思われようと信念を曲げずに、自分が信じた、真理を伝える道を歩き通した結果です。私は自分の内側に何があるのか、真理が知りたくて瞑想の世界を選んだのです。もしあのとき、世間体や時代の常識に流されて進んでいたら、今の私はなかったかもしれません。そして今、私の50年分の体験から生まれた最高の教え、悟りの教えのレベルから、最速で今皆さんを幸せにできるのです。多くの人が遠回りをしないで、この最強の最速の教えに出会い、人生に成功をもたらしていただきたいと思います。

若い世代は恐れを知らないくらいでいい

私が50以上ものヨガ教室を開講できたのも、その後、ヒマラヤで修行ができたのも、当時は失うものがなく、恐れを知らなかったからでしょう。

あの頃、先例がないなかで、私はヨガ教室のチラシやビラを、アナログの時代でしたので、切ったり、貼ったりして自作し、それを街なかで配ったり、電柱に貼ったりしたことを覚えています。

ヒマラヤ秘教の啓蒙活動でロサンゼルスやニューヨークなどに行ったときも、夜中にキンコーズでチラシをつくったり、いろいろなところに郵送したり、あるいは案内を載せるタブロイド紙を調べたりしました。また、瞑想をするためには絨毯の敷いてある広い場所が必要です。そこでニューヨークじゅうのホテルを歩いて、ふさわしい会場探しをしたこともありました。

アメリカ雑誌への連絡も夜中に行いました。器用でバイタリティがあり、何でもかんでもやってしまい人の何十倍も働いたのです。

私は現代の若い世代の人たちにも、物怖じせずに行動してほしいと思います。すでに「恐れを知らないのは若者の特権」という時代ではないのかもしれません。しかし、若者が生命力にあふれ、無限の可能性を秘めていることは今も変わりません。だからこそ、こわいものなしで挑戦していけばいいのです。取り越し苦労はいりません。失敗も恐れずに進めばいいのです。

長い人生には挫折や失敗もありますが、それも学びの機会です。

日当たりのよい道ばかり歩んだ人は、いざというときもろいものです。負けを知らない人は、立ち直る術を知らないからです。向かい風に吹かれ、冷たい雨に打たれた経験のある人は、苦労に対する免疫ができます。「よいことも悪いことも学び」という覚悟もできてきます。私もそうした生き方をしているうちに、音を上げない生きる力が備わった気がします。

そして、生きるうえでさまざまな体験を通して「自分は生かされている」「見えない力に支えられている」「出会う人すべてが学びの対象」ということに気づいていけば、なりたい自分になれると信じてください。

常識にとらわれることは、心にとらわれることです。いつもまわりを気にして、無駄なエネルギーを使って生きている人が多いのです。しかし、それでは消耗だけの人生です。心に頼り過ぎず、自分の内奥から秘めたる力を引き出す、そんな生き方を意識してください。

私が悟りの修行を本格的に始めたのはヒマラヤに行ってからです。その前は、やはり心を強め、頑張るという感じで、無理をしながら生きている感じがありました。ところが皆さんは、源の存在から愛と知恵とパワーの祝福をいただいて、頑張らなくても、楽に悟りを目指す修行ができるのです。それが奇跡です。

今、あなたには最速で成功できるヒマラヤの恩恵が目の前にあるのです。信じることに加えて、内側を浄化して真理を目指し智恵と生命力と愛をいただきながら成功への道を歩めるのです。真理に目を向けて、楽に守りと力をいただきながら豊かな人生を歩めるのです。

社会や他人の価値観にとらわれない

今や若い世代を中心にSNSやLINEといったオンラインサービスで、友人や知人とつながることが常識のようです。なかには、相手からすぐに返信が来ないと不安になったり、疎外感を感じる人がいる、という話を聞きました。そんなに相手のリアクションが気になるのでしょうか。

昔の日本人も世間体や村八分など、ご近所やまわりの視線を意識しながら暮らしていた面があります。「周囲からよく思われたい」「相手にどう思われるか不安」「人と違うことをすると仲間はずれにされる」。今も昔もこうした日本人のメンタリティは変わらないのかもしれません。

特に今の若い世代は学校教育の影響もあるのか、人より一歩前へ出るのではなく、横並びでないと居心地が悪い人が多いようです。それはやさしさの教育で、いい場合がありますが、もっと才能を活かす勇気ある行動も必要だと思います。やさしさをもっておごりにならないやり方です。世間の価値観や常識に振り回されないで、気づきを持って自分らしさも伸ばします。よい人のふりをしたり、見栄を張ったりして、精いっぱい自分を演じるのではなく、もっと自信を持って自由に生きるのです。お互いに気にする調和ではなく、自由な調和です。相手の顔色をうかがうのではなく、もっと中心を持つのです。他人の目を気にするのではなく、愛を持って行動するのです。

「魂が喜んでいるか?」を基準に行動を決める

私たちは一人ひとり、もって生まれたカルマが違います。つまり、果たすべき使命も役割も違うのですから、他人の目や価値観を気にし過ぎないことです。もちろん、社会常識を逸脱しては困りますが、それぞれが自分を信じて、人への思いやりを忘れずに、人に迷惑をかけないで、人生を歩めばいいのではないでしょうか。

そのときに大切なのは「魂が喜んでいるか?」を判断基準にすることです。さらに自分だけではなく「他人も喜ぶことか?」と魂に問いかけてください。「これをやると気持ちがいい」とか「人からほめられるだろう」といった判断基準は、自分のエゴが喜ぶことです。

しかし、最初はそんな思いから行動を起こすのもいいでしょう。そのうちに「自分も他人も喜ぶことが真の成功」という気づきを得たら、もう一段階ステップを昇り、純粋な気持ちになりましょう。そしてエゴを押し通したときの借りを返しながら、さらに成長していけばいいのです。

心のバリアやブレーキをはずす

何か物事をスタートさせるとき、誰でも希望と不安が入り交じった気持ちになるものです。否定的な人は「どうせ……」「やっぱり……」といった、ネガティブな思いが先に立ちます。勝手にあれこれ悪いことを想像して、自分を追い込んでしまうのかもしれません。心配性や人目を気にする人は「もし、うまくいかなかったらどうしよう」「失敗して恥をかきたくない」といった思いが頭をめぐるようです。

こうした先入観や取り越し苦労で自分の気持ちにブレーキをかけたり、自己防衛のバリアを張る人を多く見受けます。このような心の癖は、長い時間をかけて構築されたものです。容易なことでは崩せません。意識しても直せないものです。

しかし、ヒマラヤの恩恵はこうした頑固な心の癖も溶かしてくれます。源の存在に守られている実感が大きな安心感となり、さまざまな不安がクリアになるからです。

自分の気持ちにブレーキをかけることも、バリアをはりめぐらす必要も感じなくなります。源からの祝福で守られているという気持ちで人生を生きることができるのです。

先にも触れましたが、ヒマラヤシッダー瞑想で内側が浄化されることでも、ネガティブな気持ちが消えていきます。あるいは私のところでは、積極的にアヌグラハの恩恵の元、ワークや秘法で内側の否定的な思いを浄化していきます。気づきを促して、手放していくのです。自分を縛っていた価値観など、贅肉のように取り付いていたものが、どんどん落ちて心がスマートになります。すると生命力がますます輝きを増し、集中力も冴えて、何をしても今まで以上の能力が発揮できるようになっていきます。

「ねばならない」は心の呪縛

皆さんの中には「こうあるべき」「ねばならない」といった、思い込みやこだわりにとらわれがちな人がいませんか？ まじめで几帳面な人ほど、その傾向は強いようです。責任感や義務感は、度を越すと窮屈になります。それは心の呪縛にかかっているのです。

ところが本人は、とらわれていることに「気づかない」ことが多いものです。こだわりが凝り固まって自分の一部になっているからです。このような心の呪縛は、じつは誰もがひとつやふたつ抱えています。まさか自分が、と思われるかもしれませんが、それに気づくことは、日常では難しいものなのです。

そこで皆さんにヒマラヤシッダー瞑想をおすすめします。気づきのことを、*アウエアネスといいますが、気づきを得ることは高級な修行のひとつなのです。そのときは、信頼できるマスターの指導のもと、気づきを自分の中に定着させてください。

マスターはあなたの神性を目覚めさせ、アドバイスをしてくれる人です。

「この道を歩んでいきなさい」と進むべき道を示し、導いてくれます。それは川の向こう岸へ渡るのに、自分で泳いでいくか、マスターという橋を渡っていくかの違いです。自己流で泳いでいくと、途中で迷子になったり、溺れることがあるかもしれません。マスターの庇護のもと、正しく安全な、修行の王道を歩むほうがいいのです。

心がきれいで素直な人は、直感が冴えてくる

心は気まぐれです。その瞬間に感じたことで、コロコロと気分が変わります。そんな心に振り回された結果、迷いや優柔不断な態度が生じます。ヒマラヤの恩恵はそん

な心に頼り過ぎず、魂の声を聞くことを教えています。

それは「直感」「ひらめき」といってもいいでしょう。直感を働かせるには、情報を詰め込み過ぎたり、あれこれ気を回したりして、窮屈に生きないことです。そして何より素直な心でいることです。

子どもの頃は誰でも直感が冴えているものです。よけいなものを心にため込んでいないからです。そして素直で純粋だからです。ところが成長するにつれ、悩みや不安、喜怒哀楽の思いや記憶が心をいっぱいにします。不純や濁りが心を汚しています。これではひらめきも生まれません。

普段から自分を信じて、よい行いを心がけ、罪意識がない人は直感が冴えます。そうした人は負のカルマが少なく、心もピュアできれいなので、体の深いところから届けられる「魂の声」を聞き取ることができるのです。

心を手放して、純粋な存在になる

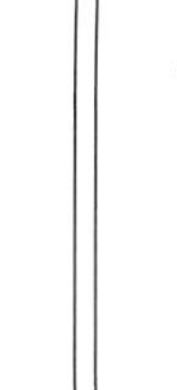

心を空っぽにしてリセットする

心は常に忙しく働いています。五感でキャッチしたものに即リアクションします。見たものを認識、分析して、識別や判断をします。

こうした作業を絶え間なく繰り返しているうち、心は蓄積されたさまざまな思いで重くなります。許容量を超えたハードディスクのように、動きもすっかり鈍くなってしまいます。

たまには心の中をリセットして、空っぽにしてみましょう。これは誰にでもできる、ハートのリフレッシュです。仕事でも家事でも、何か手作業でもいいので、**目の前のことに集中します**。一生懸命に精魂込めて取りかかります。その間は心があちこち飛び跳ねることもないでしょう。世間の目も気になりません。自分と他人を比較する気持ちも忘れています。

そんな時間を過ごした後は、心が澄んで静かな気持ちになります。そこで日頃はあまり意識しない「ありがたいこと」を思い浮かべます。

それは「健康であること」や「やるべき仕事があること」など、ごく当たり前のことかもしれません。しかし、そこに感謝の意識を向けることで、次第に心が満ちたりてくることに気づくはずです。そのときこそが無心になるときで、心が空っぽになるときです。そうはいっても、長い間心を使ってきたので、いろいろなものを手放すことに恐れがあります。心を空っぽにするのが、ヒマラヤシッダー瞑想なのです。その秘法があるのです。

無心になって集中力をつける

無心になることは、休息だけではなく、悟りに近づいていくことです。さらにスキルを高めたり、思考力を研ぎ澄ますためにも有効な手段です。

無心になると、集中力が高まります。まわりのことが気にならなくなり、目の前の作業や頭に浮かんだ思考にフォーカスできます。精神の統一もでき、心も安定します。

しかし、無心になることは、なかなか難しいことです。「無心になろう、無心になろう」と思うこと自体が、無心になっていないのですから。

この本に出会った方は、まず、愛と感謝を心掛けて生きてください。人や物との出会いを「自分の学びのため」ととらえます。「出会いに感謝します。ありがとうございます」。そうやって、愛と感謝を捧げます。

さらに、「素直に見る、聞く、感じる」ことを意識します。思い込みや先入観を捨てて、まっさらな心で人や物に向き合いましょう。

これはこのあとにお話をしますが、心の癖を取り除くことにもつながります。心の働きを抑え、無駄に使わないようにします。

こうして謙虚に、そしてあるがままの姿勢を意識していくと、無心に近づくことができます。しかしそうはいっても、なかなか実行することは難しいと思うかもしれません。さまざまな過去の思いにとらわれ、素直になれないからです。またそのように神経を使うことは、あとで大きな負担になります。いい人を演じて大変神経が疲れることになります。

願わくば、勇気を持って真理に出会う道を歩んでください。急がば回れです。そしてヒマラヤシッダー瞑想で、どんどん内側を空っぽにしていくことです。さらに段階を経ると、この無心の状態が無意識に起きてきます。

ヒマラヤの叡智では「神とつながり、神のレベルから現象、物事を見る」ことを無心としています。そしてそれこそが「最高の自然である」とされています。

心に命じる生き方を

本書ではここまで、心の持つ悪い面ばかりをクローズアップしてきました。しかし、心というものは本来、優れたものなのです。

人にやさしくしたり、愛を与えたり、素晴らしいできごとに感動するのは心があるからです。夢や願いをかなえようとするのは、クリエイティブな力と、発展を目指すという心の持つ性格によるものです。心は神さまが授けてくれた万能のツールでもあるのです。

ですから、そのしくみや特徴を知り、上手に活かせば、成功したり、自分の願いをかなえたりするのにも、このうえなく便利なものです。**心をうまく活かすとは「必要な場面だけで、無駄なく使う」ということです。**

心は常に目標を設定し、そこへ向けて進む性格があります。このメリットを活かして、進むべき方向を外側の世界ではなく、内側の世界にします。心のベクトルを内向きにして瞑想すれば、心が浄化されます。欲望や執着が生まれないようになります。心が命じるままに生きるのではなく、心に命じる生き方を意識すればいいのです。また、心の純粋なところからの願望は成就します。マスターはその力を持ち、あなたの願いをかなえるために祈ることができます。マスターの力で、あなたは新たなるカルマを増大させなくて済むのです。

心の癖が誤解や偏見を生む

人はそれぞれ心に癖を持っています。この心の癖が、性格や好みなどになって表れます。癖の原因となるのは、カルマです。過去の体験や記憶というデータが、目の前の現象に対して一定の反応をするのです。

私たちは好きか嫌いか、危険か安全かなど、瞬時に分析して判断を下します。それは過去生の記憶の蓄積です。その膨大な情報量が、その人のキャラクターや価値観をつくり上げ、心の癖となります。

普段私たちは、この心の癖を通して物を見たり、感じたりして生きています。それは心の思い込みで見ているので、実は正しく、ありのままに対象を見ているわけではありません。

自分色に染め上げた色眼鏡をかけて、人や物を仕分けしています。そこから誤解や偏見、差別などが生まれ、行き違いや争いに発展することもあります。

正しく見て、聞いて、感じて、そして判断を下す。この基本的で大切なことが、おろそかにされていることが多いのです。正しい行いをしていくには、こうした心の癖に気づきながら、とらわれず、意識を覚醒して見ます。つまり、ニュートラルな立場でいたいものです。

心の癖から離れて物を見るには、過去生からの体験や記憶を浄める必要があります。それには心の曇りを溶かし、純粋にしなければなりません。しかし、これは日常の心がけだけでは難しいものです。

それを可能にするのがヒマラヤシッダー瞑想です。源のエネルギーが、心も意識も変容させ、人や物の見方を変えてくれます。純粋な心にしてくれます。

気づきを持って、心に振り回されないように、常に中庸を選択します。それは好き、嫌いといったリアクションのない、心を超えた状態です。あるがままに、目の前の事象を受け入れられます。正しく見て、聞いて、感じることができるようになるのです。心が浄化されると、執着や欲望も薄まります。それはこの後に紹介する「心を手放す」ことにもつながっていきます。

心を手放すことは執着を捨てること

多くの人はいつも心を使い、それが自分を忙しくして疲れ、また苦しむということがわからないようです。そしてまた何かの否定的な心にはまって苦しみ、その頑固な思いがはずれないまま苦しんだり、あるいは肯定的な思い込みの心の世界にはまり込み、抜け出すのに苦労します。心地よい感覚の世界に埋没して、次々に欲望が頭をもたげ、あれもこれもと執着が湧いて、身動きがとれなくなることもあります。

あなたには、そんなやっかいな心を手放して、魂のままに生きる人になっていただきたいと思います。心を手放すとは、執着を捨てることです。これが人格を高めていく道、悟りへの道なのです。

ヒマラヤシッダー瞑想を通して思い込みや執着をはずせば、すべてを俯瞰《ふかん》できるようになります。自分も、まわりのことも、全体が見られるようになるのです。また、誰かを気づかったり、心配したりするような、よいことに使う心も手放すことができます。考える心、感情、知識、それらをすべて執着ととらえ、浄化して手放していきます。

少し専門的な話になりますが、アンタカラナというのは内側のシステムのことで、マナス（心の働き）、ブッディ（智恵）、アンカーラ（エゴや自覚）、チッタ（純粋な意識）で成り立っています。それらを見つめ純粋意識になって、そのほかは手放していくのです。それは究極のステージ、心を超えた意識です。

潜在意識を浄めると運命が変わる

ヒマラヤの教えには、やっかいな心への処方箋がいろいろあります。

心には表面の心である顕在意識と、内面の心である潜在意識があります。潜在意識には自分でも気づかない思いや感情、記憶などが押し込められていて、無意識のうちにあなたの運命に影響を与えています。

瞑想や修行を続けていくと、源の存在からのエネルギーが潜在意識の抑圧されたエネルギーを溶かし、浄化していきます。純粋な意識で潜在意識を見つめられるようになるのです。それは潜在意識によって方向づけられた、運命までも変える強力な力があります。

もうひとつ、ヒマラヤ秘教に「*ドラスタバワ」という、見ていく瞑想法があります。心や感覚の執着が生む苦しみを、意識によって見つめていきます。ドラスタは「見る者」、バワは「それになる」という意味です。見る者とは意識のことです。これは神の視点ともいえます。

私たちに見える世界は、すべてが変化して、永遠のものは何ひとつありません。それを永遠と錯覚して、執着することで苦しみが生まれるのです。この真理に気づいていけば、苦しみから解放されます。こうした物の見方を練習していくのがドラスタバワという瞑想です。

まず、体を見ます。体は変化して消えるもので、本当の自分ではないことに気づきます。次は、感覚に目を向けます。すると、感覚に執着することが苦しみであることが理解できます。さらに、心を見ます。心も変化するもので永遠ではありません。本当の自分ではないのです。そして、心の執着も苦しみということに気づきます。

こうしてすべてのメカニズムを知っていくのが「見ていく瞑想法」です。すべてが源の存在から生まれ、変化して死んでいきます。永遠なのは神と魂です。それを悟ることが「本当の自分」になることです。これはヒマラヤ秘教の究極の悟りの状態です。ヒマラヤ聖者は、何千年も、心をさまざまな角度から研究し、コントロールすることに成功しました。私たちはその叡智をいただけます。悠久の教えに学び、魂の声を聞き、心を上手に活かしながら、よい人生を築きあげましょう。

あなたも源の存在に愛される人格をつくりながら、成功や自分の願いをかなえる実現への道を歩みませんか。

成功体質の人格をつくる

源とつながり、魂のトレーニングをする

ここまで、ヒマラヤの教えがどのように「心」をとらえ、対処するかを紹介してきました。これは第４章の「体を整える」という教えとともに、自分の願いをかなえ成長しようとする人に、さまざまなヒントやきっかけを与えてくれると思います。

ヒマラヤの教えにのっとって、よい行いをしながら内側の調和をはかり、心を純粋にしていけば、心と体がどんどん浄化されます。ただし、これを心（マインド）で行うと、無理にいい人を演じることになってしまいます。

自然のままやっていくには、やはり悟りを目指さなければならないのです。自分の心に執着するのではなく、悟るためにそうした行為をするのです。よく思われるためにするのではなく、そういう思いを捨てるために行うのです。

そのことがこの実践に欠かせないことなのです。

源からのパワーがないまま、こうしたことを演技だけでやると、心に塊《かたまり》ができ、ますます大変なことになっていきます。一方、源の存在につながったうえで行えば、あなたから愛の波動が自然と放たれ、外側にやさしさがにじみ出る人になっていきます。

家庭も職場も平和になります。集中力があり、平衡感覚にも優れた人になるので、社会生活でも仕事でも、おのずと成功の階段を昇っていけるでしょう。

源につながって行為をするということは、成功のための「魂のトレーニング」をしているということです。単なる自分のセルフィッシュな欲望のために、そのエネルギーが使われてはならないのです。

かけがえのない体を、他人の進化のために役立てる

魂を磨く練習として、まず私がおすすめしたいのは、生きるための仕事に加えて、自分を人や社会に捧げる「お務め」を、生活の中に取り入れるということです。

仕事や家事に多忙な人も多いでしょうが、週末や仕事の後のほんの数時間、ボランティアや奉仕活動を行ってはいかがでしょうか。困っている人を助ける、人の役に立

つことをするのです。

見返りを期待せずに与える行為は、あなたのカルマと魂を浄め、精神を豊かにします。それは真理への道に通じるのです。

また、世の中をよくするため、人を助けるためにお布施をすることも尊い行いです。ボランティアが体を使うなら、こちらはお金を使います。どちらも本人にとってはかけがえのないものです。金額は問題ではありません。できる範囲でいいのです。実践することに大きな意義があります。

お金に執着のない人は少ないと思います。お金は欲望を象徴するもののひとつであり、食べて生きていくには必要不可欠なものです。そのお金を他人のために使うということは、なかなかできないことだと思います。

それだけにお布施をすると、どんどん心が軽くなり、物への執着が消えていきます。これは「大切なお金を活かしてほしい」という大きな心を持つことで、発想が豊かになり、さまざまなこだわりがほどけていくからです。

さらに、施しを受けた側から感謝されることで、あなたの魂や心が浄化されます。人としても奥行きが深まり、調和のとれた人格がつくられていきます。このようなよい行為がよいエネルギーをつくっていくのです。

それが周囲へ拡散していけば、あなたのまわりに同じエネルギーを持ったよい人が集まり、あなたを支えてくれます。そしてよいエネルギーが、よいことを起こしてくれるはずです。

見返りを期待してはいけませんが、体やお金を捧げていくと、結果としてそれ以上のリターンがあるものです。無償の愛を意識して社会生活をしていくことが、あなたの人格と魂を格段に成長させていきます。

ただしその行為であなたのエゴが強くなったり、相手を依存させたりしていないか、確認する必要があります。また、本当に皆の意識が高まるためのものになっているかも見極めなくてはなりません。インドでは祈りのセンターや寺院の建立などのほか、災害から救うためにもお布施をする人がいます。

私も常にチャリティを行っています。インドでのボランティア活動の際は、ダルシヤンを行い、皆にパワーをシェアして、幸せになっていただいています。その他、クンムメラで仮設のアシュラムをつくったり、無償の食事のサービスをして、人々を祝福しています。病院の建設や学校建設に協力するチャリティを行い、また多くの修行者の生活を支える布施をしています。

日本でも、多くの方に真理の導きをしています。それはビジネスではなく、皆さんの命を救い目覚めさせるために、私のサマディパワーをシェアしているのです。本来こうしたことはエネルギーの大消耗のため、命取りになるのですが、私は今なお、厳しい修行を続け、これに備えています。

源の存在を信じれば願いはかなう

ヒマラヤ秘教というのは悟るための教えです。この体と心を社会に活かし、また、最高の人間になる教えです。本来秘密であり、教えを乞うことのできないものなのですが、今、その教えが私を通して伝えられているのです。

あなたの可能性を最大限に引き出すには、源の存在とつながり、それを信じることで、そこからのパワーをいただき、浄められ守られます。私はヒマラヤ聖者となり、秘密の教えを継承し、そのすべてを知っています。あなたは、シッダーマスターからの祝福をいただき、段階を追った内なる秘密の教えを授けていただき、内側を浄めることで、究極の悟りに向かうことができます。

それが本来の生きる目的です。あなたの人生に邪悪なものを近づけず、よりよい人生の方向に向かっていくのです。

あなたが目指すものに向かうときも、至上の知恵や愛をいただきながら、自信とゆとりを持って物事に取り組めます。

「見返りを期待しない」「人の役に立つ」という純粋な願いを持ちます。それをあなたの夢のひとつにしてください。それがかなえば、最高の願いがかなえられることになります。

まず聖なる音の波動、マントラを授かっていただくとよいでしょう。マントラはあなたの魂を浄化します。すべてのカルマを浄めて災いを取り去ります。

マントラはあなたと源の存在をつなぐ絆です。さらにあなたを源に連れていくのです。悟りを起こしていくのです。あなたはマスターとのつながりでさらに、あなたの才能を活かしながら生きていけます。その尊いつながりは、成功へのガイド、道しるべとなり、さらに悟りへと導く命綱になります。

源の存在に守られたあなたはストレスフリーです。思ったことを躊躇《ちゅうちょ》なく行動に移せます。

少しの不安も感じません。すべて思った方向へ動き出します。

あとは源の存在を信じて、自分を信じていけばいいのです。

マスターのサマディパワーの意志力は*サンカルパといい、マスターの祈りにそのパワーが働いて、あなたの願いがかなうのです。

そしてシッダーマスターは、あなたを変容させます。少しでも本当のあなたに近づき、真理を悟っていただくための手助けをするのです。

ここに書いたことは、シッダーマスターからあなたへの祝福の言葉です。

ヒマラヤからの贈り物です。マスターの祈りのサマディヤギャと、サマディプジャはあなたの願いをかなえてくれるのです。

私、ヨグマタが皆さんの成功をお祈りしています。

ヒマラヤ瞑想の言葉

アウェアネス

179ページ

英語で「気づき」「意識」などの意味。瞑想をしていくと、さまざまな「気づき」の機会に恵まれるようになる。そうした体験を積み重ね、少しずつ新しい生き方へと進化していくのが、上質な修行の一環となる。そしてその究極は「本当の自分はなにか」その存在に気づくこと。ヒマラヤ秘教のサマディ（悟り）の境地に達することになる。ただし、それはすぐれたマスターの指導のもとで気づきを深めないと、間違った認識や誤解を定着させることになる。

ドラスタバワ

189ページ

ブッダが悟り（サマディ）を開いた際の瞑想法とされている。「ドラスタバワ」とは、見る者とそれになる者という意味。高いレベルの精神統一力が必要とされる、気づきの瞑想ともいわれる。意識を独立させ、執着にとらわれた体や心、感覚を見つめていく。そして体や心がいつかは消えてなくなる、という真理に気づくことで、執着からの解放を目指す。

サンカルパ

197ページ

ひとつのことに対する、純粋で強い意志や決意のこと。決めたこと、誓ったことをやり遂げる、強い意志や想いを指すことも。特にヒマラヤシッダーマスターのサンカルパは、源の存在へダイレクトに強力な祈りや願いを送り届けることができる、尊いものとされる。

おわりに

✧「人生の成功者」を目指しましょう

社会的に成功するのが難しいと思っている人も、ヒマラヤの教えの導きで「本当の自分を体験する」ことで、どう心と体を使ったらいいのかがわかり、楽に自己実現ができるようになります。もしあなたが会社などに勤めていれば、定年退職もありその後の人生をどう生きるかの問題もあります。しかし人生の生きる目的は悟りなのです。その意識を持ち、実践することが、死ぬまで続く人生の成功への道です。それは、死んだ後も内側でその願いが働き続けていくのです。

私は、ヒマラヤ秘教、秘密の教えの継承者です。それらは悟りの科学であり、その秘法や教えにより、さまざまなトラウマを取り除き、高い集中力を身につけることができます。さらに、意志の力が増してやる気が出たり、願望がかなうようになります。

ただし、カルマを浄化する修行をして、思いどおりに目標や願いが成就しても、その力をセルフィッシュな欲のために使うと、災いをもたらすことになります。

正しく気づきを持って、自分の人格を高めることに使っていかなくてはなりません。

セルフィッシュな生き方でたくさんのお金を稼ぎ、名声や名誉を得たとしても、死ぬときには何ひとつ持っていけないのです。


少し極端な言い方ですが、運よくあなたが会社をつくって成功しても、それは我欲を満たし、食べて生きるために仕事をしているだけかもしれません。そうではなく、人生の本当の目的意識を覚醒させていきましょう。

私たちは仕事をするために生まれてきたわけではありません。ただ生きるため、食べるために生きているわけでもないのです。

私たちの使命は、一人ひとりが神から預かったものを、皆に行き渡らせることです。ですからヒマラヤの教えを実践してカルマを浄め、さらに各自の天命をまっとうしつつ、その成果を人々のためにも還元していきます。そんな質の高い生き方にしていくのがよいのです。

ヒマラヤの恩恵や瞑想を、単にテクニックとして利用したり、自分の欲望を満足させることのみに使ってはなりません。人々にその体と心を道具として、人々に愛と智恵と生命エネルギーをシェアするのです。

エゴを落として愛になること、無心になることで世の中がうまく回っていきます。感謝の気持ちを抱き、お互いに尊敬し、助け合うことが、平和につながります。それは執着や欲望、エゴにとらわれない、心穏やかな状態です。

さらに究極の目的は、サマディに至ること、悟りを得ることです。源に帰り、真理に出会うことです。

ヒマラヤの恩恵は、執着を取り除き、根源の力を引き出します。それは心地よい深い平和と、神と一体になってすべてを知った大きな充足感をもたらしてくれます。

あなたが「人生のゴール」を発見していくのが、この世に生まれてきた目的です。

あなた自身に問いかけましょう。

なぜ、この世界に住んでいるのか？
なぜ、あなたにこの人生を与えられたのか？
なぜ、あなたは心をいただいたのか？

それは、この人生で「偉大なこと」をするためなのです。
見えない存在、私たちを生かしてくれている大いなる存在を信じます。
心と体に感謝します。
すべての人に心と体があり、さらに魂があり、一生懸命に生きています。
相手を尊敬します。
学びをいただきます。
この体と心を悟りの道具とします。
誰もいじめません。
人に苦しみを与えません。
人を助け、親切にします。
善いことをします。

人に捧げます。

他人を理解しながら、生きていきます。

これが完全な人間の務めです。すべてを自分の学びとし、愛と理解を大きくしながら変容していきます。それは新しい生き方、尊い生き方であり、偉大なことです。このように人を生かし自分を生かす生き方が、人に苦しみを与えず、喜びを与える尊い生き方です。そしてそれは神にサレンダーする生き方、神と同じ生き方で尊いものでもあります。

私たちは霊性の存在です。

源の存在からこの世界へ送られてきました。

誰ひとり例外なく、体の中に「源の存在」を宿しています。あなたも神の小さな分身です。

人の魂を尊敬します。人のために祈ります。世界のために祈ります。

私はあなたを目覚めさせることをしています。

社会と、人々の中で私は祝福を与え、あなたの魂を覚醒させることができます。

人々は、お互いに助け合うために生まれたのです。

利己主義になりません。

宇宙的な広い心を持ちます。

まわりの人を愛し、肉体の愛のみで生きるのではなく、限りなく慈愛に満ちた意識を発達させましょう。


仕事でも、社会活動でも、家族や友人との時間でも、自分を捧げます。願いや自己実現をかなえながら、皆に愛と喜びを手渡していきます。

これこそが真の成功、そして「人生の成功者」の姿です。社会的な成功に満足せず、その上の「高級な成功」を目指してください。


皆さんが信仰を持ち、瞑想し、心と体を正しく使うことができますように。

無知から光明への道を進むことができますように。

永遠の存在に出会えますように。

そして、すべてを知る成功に出会えますように。

私、ヨグマタが心からお祈りいたします。

２０１９年３月　ヨグマタ　相川圭子

ヨグマタ　相川圭子

女性で史上初めて「究極のサマディ（悟り）」に達したインド政府公認のシッダーマスター（サマディヨギ／ヒマラヤ大聖者）。現在、会うことのできる世界でたった2人のシッダーマスターのうちのひとり。仏教やキリスト教の源流である5000年の伝統をもつヒマラヤ秘教の正統な継承者。1986年、伝説の大聖者ハリババジに邂逅。標高5000メートルを超えるヒマラヤの秘境で、死を超える究極のサマディ修行を成就。神我一如に何日もとどまる「最終段階のサマディ」に到達、究極の真理を悟る。その後1991〜2007年のあいだ、計18回、インド各地で世界平和と真理の証明のための公開サマディを行い、その偉業はインド中の尊敬を集めた。2007年、インド最大の霊性修行の協会「ジュナ・アカラ」より、最高指導者の称号「マハ・マンダレシュワル（大僧正）」を授かる。日本をはじめ欧米などで法話と祝福を与え、宇宙的愛と叡智をシェア。サマディからの高次元のエネルギーと瞑想秘法を伝授、指導。日本では真の幸せと悟りのための各種研修と瞑想合宿を開催し、人々の意識の進化と能力開発をガイドする。2016年6月と10月、「国際ヨガデー」と関連して国連で開かれたイベントで主賓としてスピーチを行う。そして2017年5月には「アースデー」を祝う国際会議にメインスピーカーとして招かれ、再び国連へ。主な著書『ヒマラヤ大聖者の人生を変える瞑想』（宝島社）、『ヒマラヤ大聖者 愛の般若心経』（さくら舎）、『思った以上の人生は、すぐそこで待っている』『夢をかなえる小さな習慣』（大和書房）、『ヒマラヤ大聖者のいまを生きる知恵』（PHP文庫）、『ヒマラヤ大聖者のマインドフルネス』（幻冬舎）、『八正道』（河出書房新社）、『The Road to Enlightenment: Finding the Way Through Yoga Teachings and Meditation』（講談社USA）など多数。ほかにNHK・CDセレクション『ラジオ深夜便 ヨガと瞑想の極致を求めて』などがある。

未来《みらい》をつくる
成功法則《せいこうほうそく》

2019年3月31日　第1刷発行

著　　者　相川圭子《あいかわけいこ》

発 行 者　佐藤 靖

発 行 所　大和書房《だいわ》
東京都文京区関口1-33-4　〒112-0014
電話　03(3203)4511

本文印刷　信毎書籍印刷

カバー印刷　歩プロセス

製　　本　ナショナル製本

ISBN978-4-479-77218-7
乱丁本・落丁本はお取り替えいたします
http://www.daiwashobo.co.jp

デザイン　庄子佳奈
イラスト　北構まゆ
編集協力　児玉光彦
校　正　勝目美起
DTP　EDITEX